圖解系列

三大特色
● 一讀就懂教育社會學入門知識
● 文字敘述淺顯易懂、提綱挈領
● 圖表形式快速理解、加強記憶

當代教育社會學

施信華 著

閱讀文字

理解內容

觀看圖表

五南圖書出版公司 印行

自序

　　義大利社會學者葛蘭西（Antonio Gramsci）曾說：「思維上的悲觀，意志上的樂觀。」（the pessimistic of the intellect, the optimistic of the will.）當代臺灣社會經歷過威權統治走向民主、法治、人權、多元、包容與開放的社會，其中，教育體制、教育文化、教育改革、教學現場等，猶如平靜湖水下的漩渦翻轉。面對易變性（volatility）、不確定性（uncertainty）、複雜性（complexity）、模糊性（ambiguity）的教育生態與社會，真的沒有思維上樂觀的理由；因此，若不能以遠見與定見（vision）、以理解力與洞察力（understanding）、以公開與釐清（clarity）、以機敏與智慧（agility）之樂觀的意志與策略面對教育的變革與實踐，將無法掌握教育之鑰匙，而此鑰匙正是教育社會學所探究的主軸。

　　文化霸權（cultural hegemony）或稱文化領導權，是衝突論學者葛蘭西所提出的社會學理論。當依靠剛性手段的軍事、政治或經濟來宰制社會系統顯然被人民所唾棄時；反之，更深入人心的是意識型態的宰制，而此軟性手段表現在心智與道德領導，透過教育系統傳播此價值觀，使其成為社會常識時，即可操縱社會文化並主導信仰、帶領風向、解釋認知、價值觀等面向。師資培育養成的過程，若不能使未來老師習得從整體社會學面向看待教育時，往往涵養出服從、規訓、安定與自我的思維，對於教育各項議題沒有反思、沒有主見、沒有後設分析、沒有解決問題的觀念，這就不是學習教育社會學的核心目標了。

　　《圖解當代教育社會學》一書，係集作者於國立彰化師範大學教授八年「教育社會學」的課程講義所匯聚而成，除了幫助師資生能夠有效面對教師檢定考試與教師甄試之外，無非也是希望，師資生都能熟稔教育社會學的深意，而非只是「背多分」的學科。授課過程中也充分舉出教育現場的應用實例，提供師資生批判思考的養分，並正向的看待教育的議題與提

出解決策略，期許教育能夠有社會更廣泛的溝通與參與，而非爲個人或團體所專擅，而掩蓋教育中眞、善、美的價值與助人的精神。

　　特別感謝五南圖書出版股份有限公司第六編輯室副總編輯黃文瓊女士的邀稿，以及編輯李敏華小姐與優秀團隊的排版與校對，使得本書能夠在最有效率與完善的情況下付梓出版。最後，感謝內人林秀煌老師心靈上的支持，感謝一對國中雙胞胎兒女常跟我閒聊現在青少年所關注的學校現況、文化與議題，感謝母校國立彰化師範大學師資培育中心讓我能夠連續兼任助理教授八年，一嚐在大學任教的宿願。本書倘有疏漏或引證（註）不完善之處，尚祈各界先進海涵。願榮耀頌讚歸於耶穌，願平安喜樂歸於眾人。

施信華

2021.2.21. 於彰化師大

本書目錄

本書目錄

本書目錄

第 12 章　課程社會學的分析

第 13 章　性別平權教育與族群教育

本書目錄

第 1 章

教育社會學基本概念

章節體系架構 ▼

Unit 1-1
教育社會學的重要性

教育在人類社會發展中占有舉足輕重的地位，也是國家整體社會進步的基石之一，社會有無窮的動能推進教育的發展，而教育穩定與持續的進步，是整體社會永續發展的基因。聯合國開發計畫署（The United Nations Development Programme, UNDP）指出：「永續發展的基本目的，就是創建一種能夠使人長期享受健康和有創造性的生活。」

一、教育提供社會需求的重要性

進步的社會結構，提供「基本人類需求」（basic human needs）、「社會福祉」（foundations of wellbeing）及「機會」（opportunity），教育提供並滿足了上述三種需求。因此，教育社會學是探討教育與社會之間相互關係的科學，是運用社會學的觀點，評析教育制度與現象，並充實社會學與教育學理論與實務，藉以提升教育品質，促成社會進步。雖然，教育社會學是一門介於教育學與社會學的邊際性學科，但其重要性在於能夠發現教育問題，提出解決教育問題的方法與策略。

二、社會促進教育品質的重要性

教育社會學除了從社會學的角度掌握教育的現象，亦將理解教育的焦點對準在社會的因素上，透過教育社會學能夠對於各項公共議題提供一種整合性的思維。因此，不論每個生命個體社會化過程、國家權力於教育場域的彰顯、教育與經濟的發展、家庭與階級複製的議題、教育機會均等，對於教育改革的推動與實踐，再再都顯示，教育社會學舉足輕重的學科地位。

三、教育社會學為教育理論的重要基礎

教育社會學是探究教育與社會之間相互關係的學科，運用社會學的觀點與概念分析教育相關議題，以充實教育學與社會學的理論，並以此提升教育品質，促進社會進步。因此，教育社會學的研究與知識可提供教育決策者重是影響教育的社會因素，並且教育社會學的知識可以幫助教育工作者了解其自身的角色與任務。教育社會學的研究領域相當廣泛，從教育目的、學制系統、學校組織、課程內容、教學方式、教師社群，到教師角色與地位、班級活動、師生關係、學生次文化、評量與考試等，甚至當前的教育改革等議題，都是教育社會學的探討與研究的對象。

四、教育社會學在鉅觀與微觀面向的重要性比較

㈠ 鉅觀的重要性

1. 教育制度存在社會結構的限制。
2. 教育目標的爭議與社會的期望。
3. 社會階層影響教育機會不均等。
4. 社會變遷左右教育改革的方向。
5. 社會化歷程與學校教育的不足。

㈡ 微觀的重要性

1. 學校的科層體制存在各種角色的合作與排斥。
2. 學校的願景、文化影響校長領導與課程發展。
3. 學校正式課程與潛在課程是教學內容的實踐。
4. 班級組織與經營深刻影響學生的生活與學習。
5. 教師教學的策略與作法影響教育品質與創新。

教育社會學的五大基因

1. 社會過程與教育

2. 社會結構與教育

3. 教師的角色與地位

4. 學校的社會結構與社區關係

5. 社會變遷與教育改革
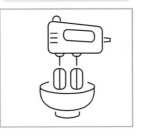

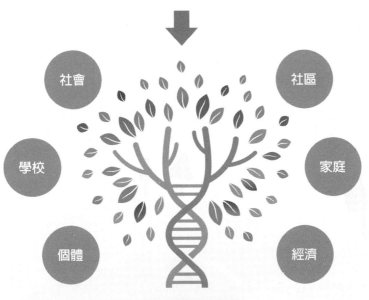

社會　社區　學校　家庭　個體　經濟

教育社會學基因圖

Unit 1-2
社會學觀點的教育學

社會學（Sociology）是研究社會的一門科學，所以學術界也將研究社會現象及議題的部分，泛稱為社會科學（The Science of Society）。社會學的本質有社會中的個人、社會結構、社會變遷、社會問題及社會控制等面向。社會學的研究在於現代社會中的各種生活型態，或是當前社會的演進過程，不但注重描述現況，也關注社會變遷。因此，社會學之於教育社會學可說是運用社會學的觀點分析教育制度，進一步能解決教育問題，最終能夠提升教育品質，促進社會發展的重要理論與實務之基礎。

一、法國人孔德（A. Comte）是社會學的濫觴

孔德認為人類知識的進化從神學演進至玄學，爾後至科學，其主張用科學驗證的方法，以客觀的方式對於社會現象進行分析與解釋，也是將社會學成為實證科學的開始，人稱社會學之父。

二、英國人斯賓塞（H. Spencer）的有機比擬論

斯賓塞把達爾文的生物學充分應用在社會學和教育哲學之中，其認為人類歷史與社會一直在進化，而且也遵循「物競天擇、優勝劣汰、適者生存」的進化法則。在生存競爭中，每一個體都應當主動去適應環境，能更好地適應環境與社會，比不能主動去適應社會更易於存續和發展，而他的學說也影響了涂爾幹的思維。

三、法國人涂爾幹（E. Durkheim）的社會分工論

涂爾幹描述社會團結與社會分工為一種社會現實，而分工是指兩個人以上存在連帶感，分成「機械」與「有機」兩種，泛稱集體意識。道德能維繫集體意識，而法律是藉由道德的實踐性而維持團結的方式。其終身致力於改進教育體制，主張教育型態會隨社會的環境而變化，所以教育制度和社會制度有著密切關聯，因此，人稱教育社會學之父。

四、德國人馬克思（K. Marx）的經濟決定論

馬克思主張社會是在統治階級與勞動階級間不斷的階級鬥爭中發展而成，認為國家是為維護統治階級的利益而運轉，而經濟結構決定社會生活與相關層面，並且是衝突不斷的根源。並且認為資本主義將物極必反，勞動階級必因思想的解放，取代資產階級，而勞動人口也將成為社會主角，帶動國家經濟的發展。

五、德國人韋伯（M. Wber）的科層理論

韋伯主張宗教的影響是造成東西方文化發展差距的主要原因，並且強調新教倫理在資本主義、官僚制度、和法律權威在社會上重要的角色，推翻馬克思認為資本主義的經濟因素，其認為宗教扮演了關鍵因素。韋伯認為資本主義的精神是擁護追求經濟利益的理想，試圖以最小的努力賺取最大的利潤，認為工作不應當超過正常的分量。再者，韋伯提出科層組織是一種效率高的結構，因為在知識和技能的基礎上，使組織內人們的行為理性化，具有一致性和可預測性。

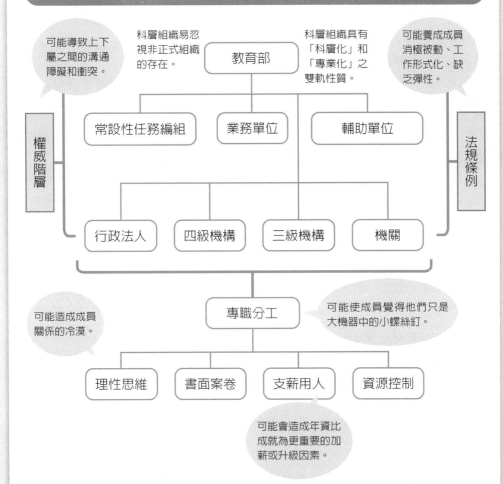

教育部的科層體制（韋伯科層理論）

可能導致上下屬之間的溝通障礙和衝突。

科層組織易忽視非正式組織的存在。

科層組織具有「科層化」和「專業化」之雙軌性質。

可能養成成員消極被動、工作形式化、缺乏彈性。

教育部

權威階層

法規條例

常設性任務編組　　業務單位　　輔助單位

行政法人　　四級機構　　三級機構　　機關

可能造成成員關係的冷漠。

專職分工

可能使成員覺得他們只是大機器中的小螺絲釘。

理性思維　　書面案卷　　支薪用人　　資源控制

可能會造成年資比成就為更重要的加薪或升級因素。

① 權威階層：組織的結構要像金字塔般的型態，分層辦事，上一層級管理下一層級。
② 法規條例：每個組織都應建立一致性的法規系統，以規範組織的運作。
③ 專職分工：組織中所有的工作，均應有專職，每種職業有分層負責明細表。
④ 理性思維：法規之前，一視同仁，任何的決定均要避免情感用事或個人好惡。
⑤ 書面案卷：組織的所有活動、決定、法令等，均應書面化，以文字加以記錄。
⑥ 支薪用人：組織編制內人員領有一定的薪水，可以依年資、成就而陞遷。
⑦ 資源控制：組織的資源自外在環境取得後，資源的控制與分配，則屬行政與管理人員的職權。

Unit 1-3
教育學觀點的社會學

　　教育學是研究教育理論與實務的一門學科，教育學的理論基礎至少包含有教育哲學、教育心理學、教育社會學等三者；教育學的實務應用可以說是五花八門，若以學校教育來說，至少包含教育制度、學校行政、各項課程、教學活動、學生輔導、社區參與、親師互動等，因此，教育可以說是一種人際互動、社會化的過程。英國人皮特斯（R. S. Peters）提出教育三大規準：合價值性、合認知性、合自願性，所以，教育學之於社會學，可以是以哲學觀引領社會的正向價值，以心理學觀重視個體的身心發展，以社會學觀促進教育的思想自由與創新發展。因此，美國人杜威曾說：「教育即生活，學校即社會。」

一、WHY？為何社會學要談教育？

　　英國人斯賓塞說：「教育的功能在於為未來生活做準備，教學內容要重視知識的實用性，教材應取自日常生活。」因此，社會的脈動必須深入課程，學生的學習必須要能與社會接軌，社會與教育是一體兩面。

二、WHAT？教育學談的社會學是什麼？

　　美國人杜威曾說：「教育是經驗不斷的重組、重建、轉化的過程。」因此，社會是每一個體社會化的歷程，社會化也是教育的目的之一。教育學必然需要探討社會的內容，方能使得教育更貼近社會的真實。

三、WHEN？社會何時需要教育的介入？

　　社會的真實，需要透過課程介入教育活動，因此，課程應當廣納各方意見，避免威權宰制與意識型態左右。課程與教材應以社會為藍本，以現在與未來的生活模式為重心，培養學生解決問題能力與創造力。

四、WHERE？教育在何處融入社會？

　　教育的產出與成果需要投入社會的應用與驗證，因此，教育的人才培育，需要接軌社會，更進一步要與產業銜接，縮短學用落差。此外，教育也扮演社會創新與社會融合的角色，社會中有超過一半的家庭其子女是在就學的狀態，因此，教育融入社會占有舉足輕重的地位。

五、HOW？教育如何改變社會？

　　教育改變社會，從社會學的觀點是教育對社會擴張，從十二年國教新課綱的精神來說，透過自主行動、溝通互動及社會參與等三個面向，達成終身學習者的教育目標，其中社會參與面向又分道德實踐與公民意識、人際關係與團隊合作、多元文化與國際理解等策略，教育改變社會現況是循序漸進與潛移默化的策略。

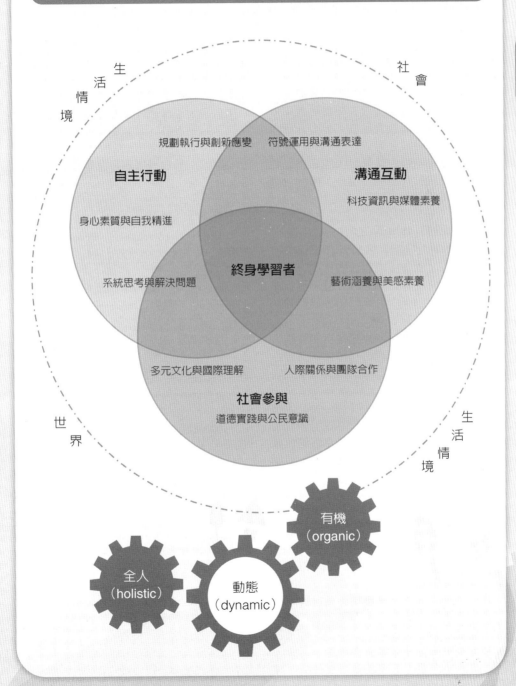

十二年國教核心素養文氏圖（Venn diagram）

生活情境

社會

規劃執行與創新應變　符號運用與溝通表達

自主行動

溝通互動

科技資訊與媒體素養

身心素質與自我精進

終身學習者

系統思考與解決問題

藝術涵養與美感素養

多元文化與國際理解　人際關係與團隊合作

社會參與

道德實踐與公民意識

世界

生活情境

全人
（holistic）

動態
（dynamic）

有機
（organic）

Unit 1-4
教育社會學的發展

圖解當代教育社會學

008

教育社會學演進與發展分為規範性、驗證性及解釋性等三個階段。教育社會學是探討教育與社會之間相互關係的科學，是運用社會學的觀點與概念分析教育制度，以充實教育學與社會學理論，並藉以提高教育品質，促成社會進步，因此，教育社會學是一門介於教育學與社會學的邊際性學科，並運用社會學觀點分析教育制度，進一步解決教育問題為最終目標。

一、規範性（1950年之前）

規範性（educational sociology）教育社會學又稱傳統或古典教育社會學。1883年美國人華德（L. F. Ward），以系統方式討論社會與教育關係，其理論稱為「社會導進論」（Social Telesis），說明教育的力量促成社會進步的論點，影響社會變遷與教育相互關係。其後，1917年美國人史密斯（W. R. Smith）出版《教育社會學概論》（An Introduction to Educational Sociology），這是第一本書名為「教育社會學」的教科書，強調教育為個人社會化的歷程，也為促進社會進步的動力，重視社會文化如何影響個人之人格發展，主張以社會學的角度解決學校教育問題，並以學校為社會行動的對象。

二、證驗性（1950至1970年）

驗證性（sociology of education）教育社會學又稱為新興教育社會學，係以科學實證取向，以建立理論為目的。1932年美國人華勒（W. Waller）《教學社會學》（Sociology of Teaching）開啟對學校為主的社會群體進行實證性研究，主要內容包括：(1)學校為一種社會組織的原因及特徵；(2)學校與社區的關係；(3)學校文化的特質；(4)師生關係；(5)教師的職業型態及行為特徵；(6)改進教學的建議。以社會學的觀點來分析教育制度與組織，使得教育中的社會結構和過程的理路更清楚。且以鉅觀面向探討社會結構、階層、流動與教育的關係研究，例如：學校科層組織及教育機會均等之研究等。

三、解釋性（1970至2000年）

解釋性（new sociology of education）教育社會學又稱為新的教育社會學或微觀的教育社會學，以「解釋的」（interpretive）與「非實證的」（non-positivistic）的微觀（micro-）角度為研究導向，並以批判的角度提出對教育均等性與正義性的質疑，重視行為背後的「意義」，著重班級社會學、教學社會學與知識社會學等研究，注重知識的獲得、傳遞與掌握，打破以往「知識是價值中立」的認知，強調教育現象的主觀性。

四、當代性（2000年以後）

當代的教育社會學發展，主要有兩大取向，其一，為教育的社會制度研究，其內涵以探討後現代與多元文化的社會制度為主，對於課程研究與學校組織架構著墨甚多，並且以公民素養與女性參與為顯學等。其二，為教育的跨國比較研究，其內涵環繞課程改革、學業成就、教育擴張等面向，並同時關注社會流動、高等教育與技職教育的改革為大宗。新近研究環繞下列議題：(1)結構與行動、(2)批判教學與後現代主義、(3)均等與效能、(4)性別與教育、(5)多元文化教育、(6)中輟學生與教師倦怠、(7)民主與公民素養教育等。

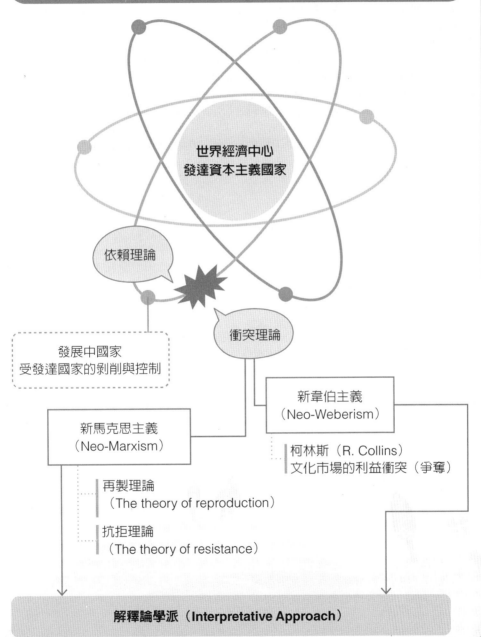

依賴理論（Dependency Theory）與
衝突理論（Conflict Theory）的交融

世界經濟中心
發達資本主義國家

依賴理論

衝突理論

發展中國家
受發達國家的剝削與控制

新韋伯主義
（Neo-Weberism）

新馬克思主義
（Neo-Marxism）

柯林斯（R. Collins）
文化市場的利益衝突（爭奪）

再製理論
（The theory of reproduction）

抗拒理論
（The theory of resistance）

解釋論學派（Interpretative Approach）

Unit 1-5
教育社會學的研究

教育社會學的研究係指從社會學角度來梳理教育現象的意義，並將研究焦點對準在社會中教育的因素上。因此，更強調的是研究的「方法論」（methodology），所探討的內容包括：研究的本質、學理、基本假設、邏輯與原則等，和研究方法（research method）有所不同。根據林清江在2000年《教育社會學》、2002年《教育社會學新論》中的分析，教育社會學發展迄今，主要形成五種方法論。

一、功能論（functionalism）取向

係探討某種制度的社會功能如何促進並維持社會的平衡與統合。視教育制度、組織為社會制度中重要的一環，強調教育是對下一代社會化的過程，其功能即在維持社會的平衡穩定。

二、「結構－功能」主義（structural-functionalism）取向

主要是教育制度與社會結構中的政治、經濟、文化等部門有密切與交互作用的關係。例如：教育的社會控制與統整功能受社會價值體系影響甚鉅；教育的選擇功能受經濟制度影響甚大；教育資源的投資與教育人力的素質，對於國家政治發展與經濟成長有顯著相關。

三、源自衝突論（conflict theory）的變遷取向

根據衝突學派的方法論觀點，在資本化的社會中，經常存在各種意識型態（ideologies）與各種價值體系的衝突，在教育的過程與制度中亦受這些意識型態的影響。並且結構－功能主義的探討，往往僅重視社會的和諧統一性，忽略了變遷過程中，可能產生的觀念或制度方面的衝突。

四、組織分析（organizational analysis）的研究取向

應用組織理論之三種基本觀念於教育組織中的研究，其一是運用權威（authority）及權力（power）分析學校組織中的社會關係。其二是應用科層體制（bureaucracy）分析學校組織中的權威型態、正式章則、人員分工等特徵對學校的影響。其三是採用角色常模（role norm）、角色期望（role expectation）、角色行為（role behavior）、角色衝突（role conflict）等觀念，分析教師的角色、個人社會化過程，以及教學社會學等課題，有助於對教育組織及其運作的了解。

五、新教育社會學（new sociology of education）的取向

主要是關心教育的內容（content），而不是教育制度的結構（structure）或組織。此種取向運用現象社會學的觀點，強調研究過程中的「參與」，主張透過參與觀察、實地訪問或資料記錄等方法，深入了解經驗現象中的真相與意義。現象學方法被用來探討學校教育中各項課程與活動的控制與管理，藉以了解哪些知識應該被教，教育知識如何形成與有何影響。

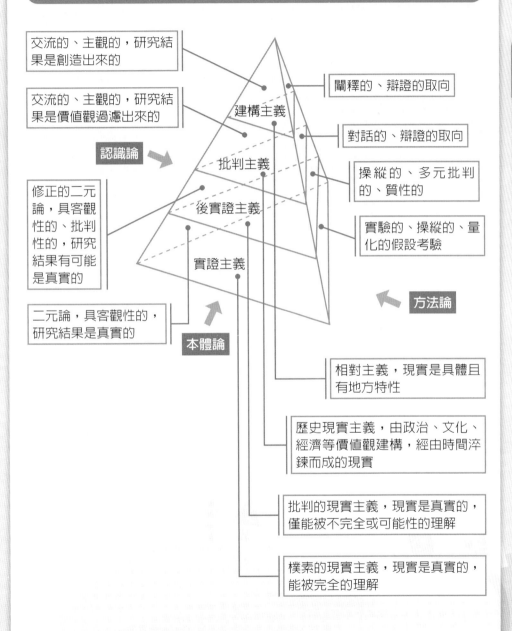

教育社會學研究範式

交流的、主觀的，研究結果是創造出來的

交流的、主觀的，研究結果是價值觀過濾出來的

闡釋的、辯證的取向

對話的、辯證的取向

操縱的、多元批判的、質性的

實驗的、操縱的、量化的假設考驗

認識論

建構主義

批判主義

後實證主義

實證主義

修正的二元論，具客觀性的、批判性的，研究結果有可能是真實的

二元論，具客觀性的，研究結果是真實的

方法論

本體論

相對主義，現實是具體且有地方特性

歷史現實主義，由政治、文化、經濟等價值觀建構，經由時間淬鍊而成的現實

批判的現實主義，現實是真實的，僅能被不完全或可能性的理解

樸素的現實主義，現實是真實的，能被完全的理解

第一章 教育社會學基本概念

011

Unit 1-6
教育社會學的應用

知識傳遞與生產、社會化與文化創新、選擇與分配及社會控制等功能，都是教育社會學的應用層面。隨著近年來人工智能AI（Artificial Intelligence, AI）的發展，引發產官學研界一片討論與實踐，其中觸及了學校教育被取代的議題：是否學校教育會因著AI的發展而逐漸式微呢？人工智能的確會影響傳統教育的運作模式，例如：傳統授課的轉型、老師轉變成啟發者或引導者、終身學習的概念、學科疆界變得模糊等。從教育社會學的觀點來說，學校教育不但不會式微，因為社會仍需要老師，只不過學校教育和老師教學內涵將有個別化需求的改變。

一、知識傳遞與生產

以知識傳遞而言，學校是傳遞系統性知識的場域，也肩負學生社會化過程的功能，以國民基本教育來說，學校教導學生生活知能、公民參與所需的知識與技能及未來就業的素養。然而，什麼知識最有價值？例如：學校知識中立性的議題與潛在課程的學習等，不論是進入學校或未進入學校的知識，究竟反映了社會哪些價值、權力與衝突，都是教育社會學的應用與關注的焦點。以知識生產來說，從教育符應社會需求及資本主義的知識生產，經濟發展往往成為學校教育發展的重心，不僅僅影響大學教育，也深入了中小學教育及各學科地位的分類與權重。

二、社會化與文化創新

社會化是每個人處在社會中，接受文化規範成為社會一分子的重要歷程，當然，社會化並不是要將每一個人都變成一致性。社會化的應用可分成行為的、道德的、文化的順從性，當然，社會是相互競爭的型態，例如：性別平等教育在學校教育中，呈現保守與開放的意識型態拉鋸。另外，社會也是差別化的型態，例如：不同社經、種族、性別、文化環境等，在教育的選擇與資源的分配上都有明顯不同。關於文化創新，學校有時會成為傳統文化的創新者，扮演改變社會文化的主角。另外，青少年文化也會衝擊學校正式系統的規範，面對青少年文化如此快速的變化，也是學校創新與應變的重要議題。

三、選擇與分配及社會控制

結構功能論與衝突論對於教育的選擇與分配有如光譜兩端的看法。結構功能論認為學校是最佳的公平選擇場域，扮演了分類的機制，認為社會採取功績主義，個人努力才能獲致相對應的報酬與獎賞，因此，教育體制中的分軌、分流就是扮演此一功能。但是衝突論認為，學校具有選擇與分配功能沒錯，但是不認為這是功績主義模式；相反的，學校是再製社會不平等的場域，為宰制階級服務，維持其優勢地位。因此，在社會控制的觀點上，學校是社會的倉儲中心，儲存社會中的就學學童與青年，透過儀式、典章、活動、競賽等，使得社會獲得穩定，學生獲得生存與發展，但是若產生思想的箝制，就是社會控制的負面效應，違背教育良善的理念。

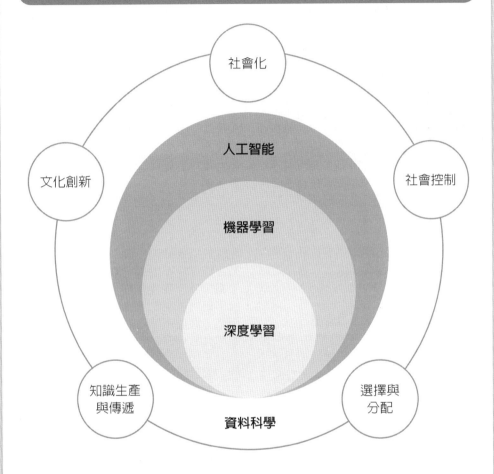

人工智能、社會化與教育應用

社會化

文化創新

人工智能

社會控制

機器學習

深度學習

知識生產
與傳遞

選擇與
分配

資料科學

老師與AI合作（teacher and AI collaboration）

自動化的行政管理（automate admin tasks）

所有學生均可使用（universal access for all students）

課堂外的輔導和支持（tutoring and support outside the classroom）

差異化和個別化的學習（differentiated and individualized learning）

Unit 1-7
教育社會學的展望

聯合國教科文組織於1996年出版《學習：寶藏蘊藏其中》（Learning: The Treasure Within），指出：「教育將居於未來社會的中心位置。」而全球化所帶來的是文化的多元主義，全球化效應將影響教育政策採新自由主義的架構管理教育，強調減低國家介入，促進個別化、私有化及教育市場化的機制等。而後現代的社會中，知識本身再也不是目的，知識的生產是為符應經濟發展，學校教育也逐漸成為知識的消費者。因此，人類必須進行四種基本學習：學會認知、學會做事、學會共同生活、學會發展。其中所蘊含的知識與社會權力關係，將牽動教育社會學的發展。

一、理論扎根與實務應用的融合

教育社會學理論的發展基礎相當穩固，由於是中介學科的性質，因此，在教育實務應用上則與教育學科有密切的關聯。在鉅觀的層面上，從社會結構、社會階層、社會變遷、社會化、全球化、種族、性別的理論推陳出新；在微觀的層面上，從學校的組織、學校文化、教師專業、教學與課程、班級經營等的實務探討，此兩層面的整合與融合將是未來發展的關鍵。

二、社會分工的選擇與分化的加劇

現代化的社會具有高度分工的特性，因此，社會化的功能也隨之轉變，而教育中選擇與分化將涉及公平與正義，有關社會階層、社會流動、教育選擇及教育機會均等，也將考驗整體教育的體制穩定性，尤其在於課程綱要的改革，更是牽動社會分工的趨勢，而選擇與分化將逐一呈現在教育歷程中，由歷程性取代終結性的現象。

三、性別與族群議題引領多元教育的發展

教育機會均等是教育社會學的核心之一，二十一世紀由於科技網絡的發達、交通工具便利性的開展，使得過去專注於低社經地位者、身心障礙者等的教育機會均等議題，轉而開始關心性別平權、族群教育等方向，尤其以文化刻板印象所引發的傳統倫理與多元思潮的扞格，地理環境限縮而肇致教育資源分配不均等，形成了一個新的發展領域。

四、教育改革引發教育知識社會學的浪潮

意識型態、文化霸權、霸權再製等概念，在學校課程改革中斧鑿斑斑的呈現。國內十二年國教的推動，對於教育政策的反思，課程理念由「能力」轉化成「素養」，教育現場充滿創新與改革的動能，但也出現學生基本能力保衛與素養提升的爭辯，由於1970年代後有關課程社會學的堅實發展，使得「教育知識社會學」（the sociology of educational knowledge）形成一個重要發展領域。

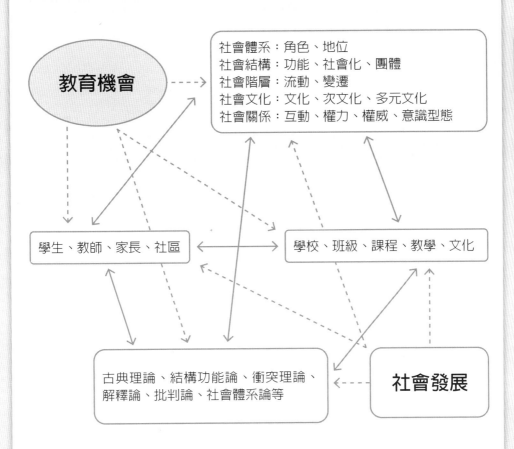

教育社會學的鑽石模型

教育機會

社會體系：角色、地位
社會結構：功能、社會化、團體
社會階層：流動、變遷
社會文化：文化、次文化、多元文化
社會關係：互動、權力、權威、意識型態

學生、教師、家長、社區

學校、班級、課程、教學、文化

古典理論、結構功能論、衝突理論、解釋論、批判論、社會體系論等

社會發展

說明：實線代表顯著關係；虛線代表潛在影響。

註：教育社會學的鑽石模型引用麥克‧波特（Michael Porter）的鑽石模型（Diamond Model）之架構與型態，惟其內容與關係殊異。

第 2 章

教育社會學理論基礎

●●●●●●●●●●●●●●●●●●●● 章節體系架構 ▼

Unit 2-1
古典結構功能理論

　　結構功能論（structural-functionism），為鉅觀理論，由社會、文化、制度的角度來觀察社會，並視社會為分工體系，教育的功能乃在於配合社會分工體系，提供所需的知識、技能及道德規範等，亦稱為和諧理論（consensus theorists）學派。古典結構功能論的基礎源於十九世紀的法、英兩國，著名的學者有法國古典社會學者孔德（A. Comte）和涂爾幹（E. Durkheim）及英國古典社會學者斯賓塞（H. Spencer）等人。

一、孔德（Auguste Comte）

　　孔德說：「知識是為了預見，預見是為了權力。」他在《實證哲學教程》一書中提出社會學由神學、哲（玄）學、科學三個階段的歷史，開創「實證主義」的社會學思想運動，提出實證主義的箴言：「愛、秩序、進步。」孔德亦從生物學獲得啟發，提倡在社會學中使用「結構」、「功能」等概念，孔德也認為社會中的個人、團體和制度對整個社會來說，相似於有機體中的器官運作。

二、涂爾幹（Émile Durkheim）

　　涂爾幹說：「將社會事實組合起來，就是社會的面貌了。」其承襲了孔德的思潮，以實證的方式研究社會事實（social fact），不是由個人的想法可以改變或影響的，因此，社會是凌駕於個人特性的，若果不照著做的話，就會受到懲罰（penalty）或者孤立（isolation）的後果，這就是「集體意識」。涂爾幹說：「社會要在變遷的環境中求生存，只有依賴其成員達到一定的同質性。」因此，提出有機連帶體（organic solidarity），指出社會是一個交互關聯的機構，提供結構或工具般的功能，來滿足社會需求並維持社會的平衡；以及機械連帶（mechanical solidarity），此種社會需要較少的生產技術專門化，社會是被原始性的機構（例如：家庭結構）所束縛在一起，這就是「社會連帶」。在教育方面，他相信道德規範態度與能力的培養有賴於正規教育，透過社會化的過程，使下一代習得成年人的角色成為社會人。

三、斯賓塞（Herbert Spencer）

　　斯賓塞說：「什麼知識最有價值？」（What knowledge is of most worth?）他提倡「生活預備說」的教育思想，並應用進化論中的「適者生存」在社會學上，提出五種課程：⑴身體的保健、⑵謀生的職業、⑶做父母的準備、⑷公民的道德活動、⑸休閒和育樂。並認為科學是最有價值的知識。以「有機體觀」（living organism）解釋社會文化，即「有機比擬論」（organic analogy），教育是將賦有自然本性的有機體，引導進入一個文明社會的過程。

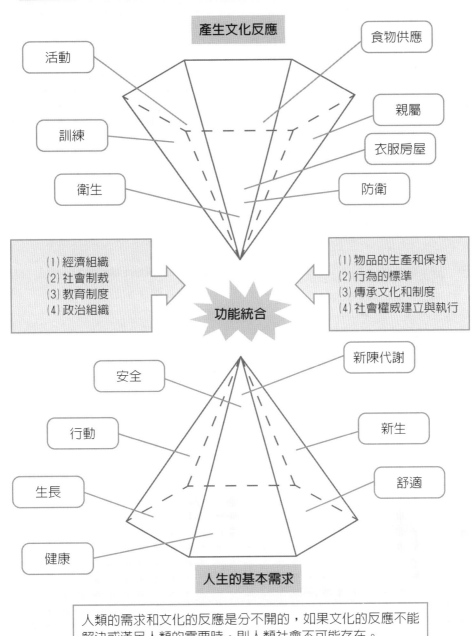

馬林諾斯基（Bronslaw Malinowski）文化功能理論

產生文化反應

食物供應

活動

親屬

訓練

衣服房屋

衛生

防衛

(1) 經濟組織
(2) 社會制裁
(3) 教育制度
(4) 政治組織

功能統合

(1) 物品的生產和保持
(2) 行為的標準
(3) 傳承文化和制度
(4) 社會權威建立與執行

新陳代謝

安全

新生

行動

舒適

生長

健康

人生的基本需求

人類的需求和文化的反應是分不開的，如果文化的反應不能解決或滿足人類的需要時，則人類社會不可能存在。

019

Unit 2-2
現代結構功能理論

　　涂爾幹（Émile Durkheim）和斯賓塞（Herbert Spencer）在十九世紀提出結構功能論（structure functionalism），到了二十世紀兩位最有影響力的結構功能論學家是帕森斯（Talcott Parsons）和墨頓（Robert Merton）。現代結構功能論以功能分析的思想，著重於結構與功能（structure and functions）、整合（integration）、穩定（stability）、共識（consensus）的系統概念，突破了芝加哥學派只重視實地考察及側重經驗研究的面向，把經驗研究和理論整合，成為二戰之後社會學研究的主流。

一、帕森斯（Talcott Parsons）

　　1946年帕森斯於哈佛大學成立「社會關係學系」，並擔任第一任的系主任，他堅信社會分工體系有賴於教育的實行，指出學校具有兩種功能，一是社會化（socialization），二是選擇（selection）的功能。社會化係指透過學校發展個人的責任感與能力，也是未來的角色扮演的基本起點。選擇係指學校具有選擇的功能，打破個人家庭的社經地位影響，強調個人成就機會是來自個人的能力。再者，帕森斯認為任何一種組織本身即為一個社會系統，而這社會系統之中又包含許多的小社會系統。社會系統具備四項基本功能，即著名的「AGIL模式」：

（一）適應（Adaptation）

　　當內外環境變動的時候，系統需要有穩妥的準備和相當的彈性，以適應新的變化來減輕衝突、磨擦的不良後果。

（二）達成目標（Goal-attainment）

　　所有社會系統皆擁有設定其目標的功能，並能動員所有能力、資源來完成目標。

（三）整合（Integration）

　　維持系統之中各部分之間的協調、團結，維持系統並對抗外來重大變故。

（四）模式維持（Latency or pattern maintenance）

　　補充新成員的同時，也以社會化方式使既有成員接受系統的特殊模式。

二、墨頓（Robert Merton）

　　墨頓是帕森斯的學生，提出結構功能論的修正，不再強調社會運作的完美性，而是透過分析觀點，切入各種社會現象，並且提及可能的負面因素。他提出顯性功能（manifest functions）、隱性功能（latent functions）、反功能（dysfunction）的分類。顯性功能是指公開展現並強調的功能，例如：教育是提高人民知識水準。隱性功能則是隱藏在這個制度底下，不容易察覺、也不刻意追求、或者說沒有事先預料到的功能，例如：教育系統成為社會階級篩選與維持既得利益的重要機制。反功能則是指某項社會現象，危及到整體體系的穩定運作，甚至導致體系的瓦解，例如：學校提供校園幫派組織得以彼此串連、吸收與訓練新成員的場地與機會。因此，教育有兩大顯性功能（manifest functions）：知識傳授以及地位賦予；同時又有四項隱性功能（latent functions）：傳遞文化、促進社會與政治整合、維持社會秩序及帶動社會變遷。

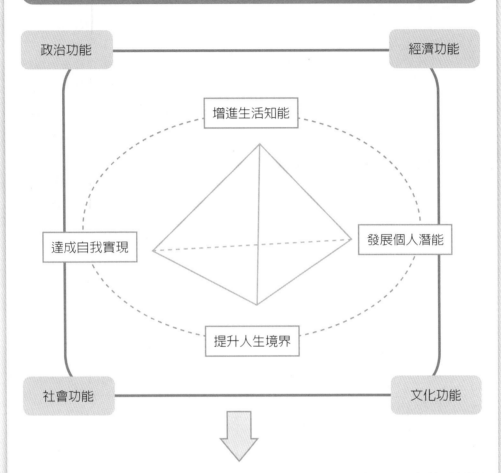

教育的結構功能模型

政治功能　　　　　　　　　　　　　　經濟功能

增進生活知能

達成自我實現　　　　　　　　　　　發展個人潛能

提升人生境界

社會功能　　　　　　　　　　　　　　文化功能

教育功能的特性：
一、沒有排他性：提供教育品質不因他人加入而減少，即所謂「邊際效果」。
二、具有排他性：必須取得資格才能享有利益，例如：學區、年齡限制、考試
　　通過。
三、利益是內在的：由受教者所享有。
四、利益是外溢的：可提高社會整體水準。

- - - - - - - -　　教育的微觀功能
————————　　教育的鉅觀功能

Unit 2-3
古典衝突理論

衝突理論（conflict theorists）爲鉅觀教育社會學重要派別之一，其重視社會中各部分的獨立性，強調社會的各種團體爲自身利益或權力而不斷競爭。因此，古典衝突理論係以三大假設爲前提：⑴基本利益（interest）存在每個人心中：個人的行爲以爭取利益爲前提，並且不是由外在社會能限定。⑵強調權力是社會結構與關係的核心：社會彼此間衝突的原因，在於經濟衍生的權力與分配的不均。⑶以合法化建構價值與理想：認爲價值共識是不同團體維持其既有地位或利益達成鬥爭目標的工具，而不是促使社會整合的因素。衝突理論在教育方面的研究大致上可分爲兩大派別：一派爲馬克思（Karl Marx）學說，另一派爲韋伯（Max Weber）學說。馬克思關注的是個人行爲受社會結構所限制，而韋伯則強調個人影響其社會關係能力的重要性。

一、馬克思（Karl Marx）學說

馬克思學說中的一個核心思想：異化（alienation）是人類所製造的物品最後轉過來支配人類，而人類不只和物品異化，更在創造物品的過程異化。因此，人類無法在工作的過程與成果上獲得眞正的解放，而人類完全被工具化了。因此，社會階級形成後，宰制階級爲維持階級利益而把該階級的意識型態灌輸到正式課程與潛在課程當中，使其他階級的學生去學習宰制階級的一切意識型態，進而成爲宰制階級的工具，這就是階級意識的再製（reproduction）。馬克思認爲社會的階級是由經濟因素來決定，因此，經濟制度的影響遠大於其他制度。

二、韋伯（Max Weber）學說

韋伯學說反對馬克思以經濟因素爲決定社會結構及人類生活機會的唯一條件，強調宗教、教育、政治黨派等，都是獲取權力的資源。韋伯學說的核心論述之一就是理性化（rationalization），因此，提出「社會行動」分類：⑴人的行動是有意義或有目的之理性行爲、⑵人的行動具有價值取向、⑶人的行動可能經由情感的動機而發動、⑷人的行動可能基於傳統的行動等。以上的區別可分爲工具理性（instrumental rationality）與價值理性（value rationality），在工具理性之下，價值占有從屬性的位置，而目的、手段、結果才是更主要的問題；而在價值理性之下，對價值的捍衛則是首要原則。因此，教育成爲不同地位、團體爭奪其獨占優勢、經濟利益或地位聲望的場域，使得教育形成一種文化市場，在這市場中，不同的個人或團體爲達成其目標而群起鬥爭；簡而言之，即不同的團體跟風市場機制，但卻爲各自不同的利益而打算。

馬克思學派強調經濟、技術及擁有生產工具是決定人們的生存條件及造成社會衝突的根源，並認爲人類社會至終將進化到不再有衝突的境界。韋伯學派則反對以經濟因素決定社會結構及人類生活機會的唯一條件，強調宗教、教育、政治黨派等，都是獲取權力的來源，認爲衝突是社會中不會消失的永久現象，反對帶有價值判斷的說法，重視客觀的社會科學來研究社會現象。

教學系統中的異化與普羅化現象圖

工具理性
（**instrumental rationality**）

- 教師教學價值觀呈現工具理性。
- 教學思維侷限於學生的智力、動機、情緒、人格等特質。
- 教師專注如何達成教學目標的手段與效能。

異化
（**alienation**）

- 老師與學生產生異化：教學無法獲得學生認同，與學生產生疏離感。
- 老師與教學產生異化：教學只為趕進度，無法有自己的教學理想。
- 老師與人格產生異化：教學已成為謀生的技能與工具，日復一日。
- 老師與老師產生異化：教學產生市場化競爭，追逐教學地位與名聲。

普羅化
（**proletarianization**）

- 教學過程產生「教學設計」與「實際教學」分離現象。
- 教學失去價值澄清與心智思考，成為重視教學技術取向。
- 教學遵循預定的形式、方法與內容，沒有創新的可能。
- 教學成為工廠生產產品導向，最終只重視學業成績的表現。

引發對抗（resistant）
上層階級學術課程vs.勞動階級學生實務文化

文化霸權

反學校文化

Unit 2-4
現代衝突理論

現代衝突理論於60年代後，以新馬克思主義（Neo-Marixism）之姿在美國興起，認為教育應當具有自主性，避免成為階級矛盾與鬥爭場域，並且脫離經濟體系的支配。在韋伯學派（Neo-Weberian）部分，認為教育制度成為再製社會階級的利器，各種地位團體競相爭逐社會聲望與文化資本等，並為教育與職業之間的關聯，提出另一種途徑。

一、結構主義（structuralism）── 新馬克思主義

主要分為國家機器與社會再製的討論。阿圖舍（Althusser）提出學校是一種意識型態的國家機器，把資本主義的統治階級以教條式灌輸給學生，尤其將課程因應工商業生產所需而設計，達成資本主義的生產延續性。社會再製主要由包爾斯與金帝斯（Bowles & Ginits）與安詠（Anyon）提出，學校的課程、教學、評量，導引學生朝向不同的職業歷程去發展，而且與資本主義的階級結構相互呼應，這樣的理論又稱為符應理論（correspondence theory）。

二、唯意志論（voluntarism）── 新馬克思主義

主要分為文化霸權與霸權再製的討論。葛蘭西（Gramsci）認為學術界將宰制階級文化轉換成複雜的意識型態與權力關係，形成所謂霸權文化（hegemonic culture），進而維護統治與生產體系。其後，艾波、吉魯、卡爾努瓦與萊文（Apple, Giroux, Carnoy, & Levin）提出，宰制階級透過功績主義的觀點，以學校為中介橋梁，應用課程與教學製造統治階級的意義型態與霸權，形成霸權再製的社會階級關係。

三、文憑主義與地位團體（credentialism & status groups）── 韋伯學派

柯林斯（Collins）認為學校並非新馬克思主義學者所說的工具或機器，事實上是社會中各種地位團體相互競爭，爭取社會地位與名望，並透過文憑進入特定團體的憑證，因此文憑成為主要的爭奪目標，更顯示教育被地位團體所壟斷，而教育變成不是階級鬥爭而是爭奪地位團體，目的是使得這些地位團體的成員及後代，繼續控制各種社會職業與優勢地位，也間接造成文憑通膨（貶值）的現象出現。

四、文化再製（cultural re-production）── 韋伯學派

布迪厄（Bourdieu）與伯恩斯坦（Bernstein）認為知識是文化資本，是統治的文化，也是文化霸權的實質內涵。文化資本愈多的家庭，愈接近統治階級，並由個人擁有的文化資本的多寡，決定其社會地位，統治階級以控制文化資本的取得途徑，作為再製社會階級的一種手段。文化再製的方式有三：⑴設置分化式的課程、⑵課程內容偏向中產階級、⑶學校教學語言以中產階級語言為主。

文化再製於學校教育的概念圖

場域
（**field**）

慣習
（**habitus**）

資本
（**capital**）

- 網絡（network）
- 結構（configuration）
- 類化（generalization）
- 形式化（formalization）

- 社會化機構的耳濡目染
- 社會環境客觀條件的制約
- 個體歷史經驗的沉澱

- 經濟資本（economic capital）
- 社會資本（social capital）
- 文化資本（cultural capital）
- 象徵資本（symbolic capital）

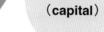

學校應提供多元
文化教育觀點的
課程

學校針對文化不
利學生給予積極
性的差別待遇

教育行政人員與
教師應具備反思
的能力

學校給予各類型
學生成功的機會

學校辦理親職教
育活動提升家庭
文化資本

Unit 2-5
詮釋理論

圖解當代教育社會學

功能理論與衝突理論皆屬鉅觀性質的社會學分析，在教育的場域中，每天在學校、教室、親師生中所發生的人際互動，其中的動機與意義相當多元與複雜，因此，詮釋理論指出人類的行為與反應並非一成不變，而是根據所處的情境產生不同的意義，也稱為社會建構意義，因此，理解人類的行為的最佳方法是透過質性或描述性的說明，進而探究真實的社會情狀。此理論著重質性、描述性與人種誌的方法，主要有形象互動論、戲劇理論、俗民方法論與互動式的結構理論等四者，其中，後者將於下一單元的符碼理論說明之。

026

一、形象互動論（symbolic interaction theory）

此理論又稱為符號互動論，主要源自於社會心理學家米德（Mead）並由布魯默（Blumer）發揚光大，其基本原則有：⑴人類的思想能力由社會互動所形塑；⑵人類透過社會互動習得象徵符號與意義，幫助人類思考與進步；⑶人類依據對情境的解釋為基礎，修正或改變象徵符號與意義；⑷透過行為與互動模式，構成了團體與社會；⑸意義並非來自個體心智過程，而是來自互動的過程。因此，雖然微觀的師生互動與校園人際等等教育場域的互動關係很重要，但仍必須回歸到鉅觀的教育系統（整體結構）加以探究與處理，才能有準確的詮釋意義。

二、戲劇理論（dramaturgical theory）

社會學家高夫曼（Goffman）以戲劇學的面向說明社會互動。將生活比擬成舞台，而每一個人既是演員也是觀眾，因此，社會生活是由影響他人對我們的印象所組成，而影響他人印象的方式，是透過「有所為」與「有所不為」所產生的。因此，印象處理（impression management）係源自於演員很重視觀眾對其表演時的評論；換句話說，在實際生活中，人們會趨善避惡，只公開對自己有利的部分。其次，場地（regions）也是影響因素之一，因為演員在前台與後台的表徵往往是不一致的，因此，就產生所謂的表面功夫（face-work），以避免人際關係之間的尷尬。回到教育場域，往往師生互動也存在「自我」與「面子」的呈現，因此，教育也應當要回到整體互動情況，才能真正掌握其背景，進而了解全貌。

三、俗民方法論（ethnomethodology）

社會學家高芬柯（Garfinkel）認為日常生活中被視為理所當然的例行活動、規則與描述是真實社會，例如：在臺灣，中小學的學生在上午7:30至8:00上學，學校每週有朝會、週會與班會活動，放學後有甚多的學生往補習班移動等等現象，這些日常生活的常識與規則構成社會生活的「真實」。但是這些「真實」也存在某種程度上的差異，例如：不同的老師與學生在一門課程的進行與成績評定就有不同，包含表現優良與表現不佳的標準與意義就有不同。因此，角色互換之後，可以探究人際互動的規則，因此，透過對話可以更加理解真實生活世界。

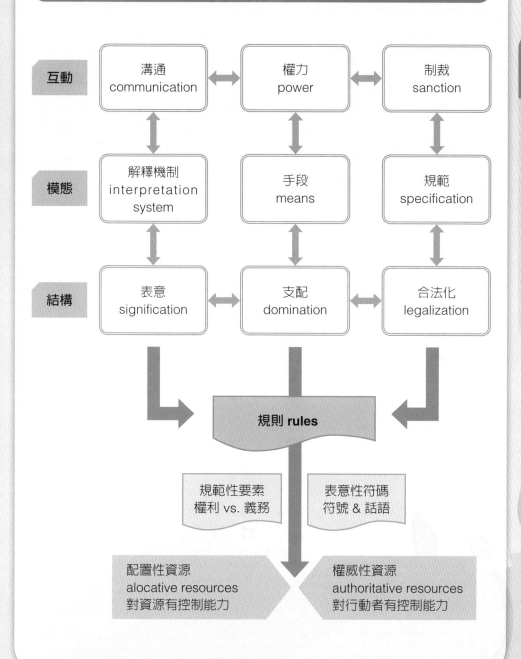

詮釋理論的互動行為結構分析圖

| 互動 | 溝通 communication | 權力 power | 制裁 sanction |

| 模態 | 解釋機制 interpretation system | 手段 means | 規範 specification |

| 結構 | 表意 signification | 支配 domination | 合法化 legalization |

規則 rules

規範性要素 權利 vs. 義務

表意性符碼 符號 & 話語

配置性資源 alocative resources 對資源有控制能力

權威性資源 authoritative resources 對行動者有控制能力

Unit **2-6**
符碼理論

　　符碼理論（codes theory）係英國教育社會學家伯恩斯坦（Basil Bernstein）一生致力追求語言、家庭、教育與政治經濟學間的關係。其思想濫觴於社會語言學，發揚於教育社會學，在鉅觀上應用了涂爾幹與馬克思的思想，微觀上以米德的形象互動論為延伸，其著作主要環繞階級、符碼與控制（class、codes and control），其第一時期提出：語言符碼理論；第二時期提出：教育符碼理論；第三時期提出：教育論述理論。

一、語言符碼理論

　　此理論可分為三種層次，分別為文本層次、傳遞層次及鉅觀制度層次（textual、transmission & micro-institutional level）。文本層次主要證實特定的社會關係會影響語言形式；傳遞層次係討論家庭是語言形式社會化的初始機構；鉅觀制度層次則論證階級結構如何影響家庭的社會形式與語言符碼間的關係。其核心概念為限制型與精緻型符碼（restricted & elaborated codes）、地位型與個人型家庭。因此，勞工階級的社會分工較簡單，主要使用限制型符碼從事生產與溝通較多，而中產階級重視個體及強調自主，則使用精緻型符碼從事生產與再製階級，此種符碼形式也影響了學校教育與社會發展。

二、教育符碼理論

　　主要談到分類與架構、階層性與分化性學校、聚集型與統整型課程及可見與不可見的教學。分類（classification）係指權力分配與關係運作，建立階級主體地位；架構（framing）係指溝通原則，強架構是傳送者情境控制權大，弱架構是接收者情境控制權大。階層性學校（stratified school）呈現機械連帶特質，強調共識、集體價值，以罪惡感作為社會控制的方法；分化性學校（differentiated school）具有有機連帶特質，社會分工多樣且複雜，社會控制基於人際互動關係，而非階級地位關係。而學校內不同課程根據「強分類強架構」組合成聚集型符碼；而「弱分類弱架構」形成統整型符碼。教學關係主要由階層性規則（hierarchical rule）、順序進程規則（sequencing and pacing rule）、評量規則（criterial rule）所構成，有明確的三種規則者稱為可見教學（visible pedagogies）；反之則稱為不可見教學，其主要以學生為教學實踐的主體。

三、教育論述理論

　　本理論主要提出教育機制、水平與垂直論述等兩者。教育機制係由分配規則（distributive rules）、評鑑規則（evaluation rules）與再脈絡化規則（recontextualizing rules）等三個規則構成，而不再以文化再製論分析知識的再製。水平論述（horizontal discourse）為日常生活特定脈絡的知識，在不同脈絡中，因地制宜、因人而異，比較屬於經驗知識；而垂直論述（vertical discourse）為系統化知識，知識能不斷追求演進，例如：自然科學與社會科學皆屬之。摩爾與莫頓（Moore & Maton）指出語言符碼理論與教育符碼理論，再加上教育論述理論，至終形成了知識社會學理論。

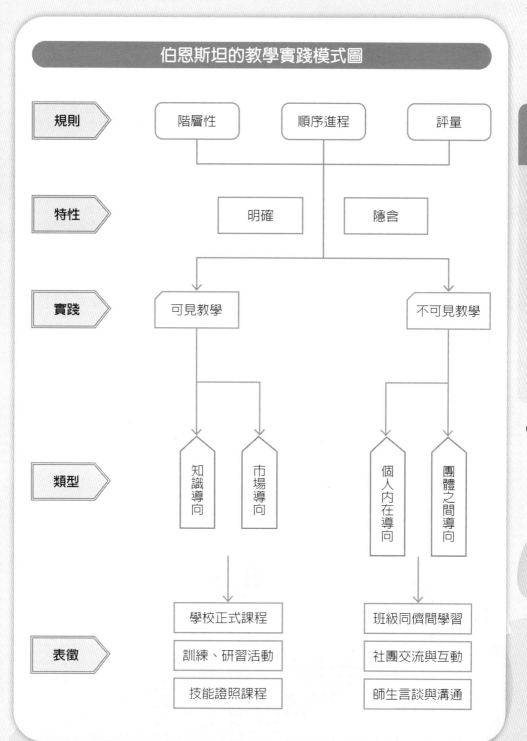

伯恩斯坦的教學實踐模式圖

規則：階層性　順序進程　評量

特性：明確　隱含

實踐：可見教學　不可見教學

類型：知識導向　市場導向　個人內在導向　團體之間導向

表徵：學校正式課程　班級同儕間學習
訓練、研習活動　社團交流與互動
技能證照課程　師生言談與溝通

Unit 2-7
批判教學論

批判教學論（critical pedagogy）源自於後現代主義（postmodernism），為亨利·吉魯（Henry Giroux）所建構，其目前為加拿大麥克馬斯特大學（McMaster University）的麥克弗森學院（MacPherson Institute）講座教授。此理論興起於二十世紀末期，由於多元文化的興起，發展出動態和多元社會的認同形式，致力於改革對現代主義的平等、正義與自由的認識，並融入後現代女性主義的觀點，使得學校能成為一個民主的公共領域，希望師生能透過批判思維去理解意識型態和物質條件，以參與、協商和重述文化文本與歷史記憶，產生多元和認知的差異，經由改變自身認同，進而改變整體社會，因此，民主教育思想成為此理論的核心。

一、教育的功能不僅是知識生產，也是製造政治主體性

公民的平等是平等的關鍵，政治的平等是經濟和社會平等的基礎，民主是建立在權力的意識型態與社會制度的運動，因此，需要透過教育系統的強力參與。

二、民主理論的建構除了平等之外，更要重視差異性

學生必須知道差異的聲音與認同的社會建構歷程，了解這些差異現象、歷史和社會勢力的關係，透過學校的課程使得這些差異能夠平等發聲，更符合民主社會的理念。

三、民主理論需要建構新的語言，創造新的知識形式

在課程教學中運用批判的語言，以抗拒課程教學中的大量知識傳授，並對現行制度深度批判與反思，了解隱含的壓迫與不平等，並努力為多數人創造更好的生活。

四、教師必須將學校視為民主的公共領域，並扮演轉化知識的角色

轉化知識的角色（transformative intellectuals）係指積極參與公共服務與民主政治活動，以培養批判的公民為目的，以公民素養、公民參與與道德勇氣為教育原則，表達道德行動和責任政治。

五、在抗爭與重組的過程中，師生產生跨邊界（crossing border）的行動

此種行動主要有三個層面：⑴對抗文本（countertext）：讓學生經由閱讀，重寫文本來定義自己與他人；⑵對抗記憶（counter-memory）：促進過去、現在和未來之間的持續對話，讓不同團體在歷史中找到定位；⑶差異政治（the politics of difference）：跨越現代主義的中心和邊緣的二元對立與政治封閉，使得差異和多元獲得政治行動力。

批判教學論在民主社會的條件未充分成熟時，將造成不斷自我批判的烏托邦（utopia），這種動態的理論化過程，也被批評成為後現代主義的拼貼，因此，在教育領域中，學生的聲音往往是多元與複雜，可能也會超出學校與老師能夠處理的範圍，使得實務問題比起理論層面更難處理。

國家機器概念圖

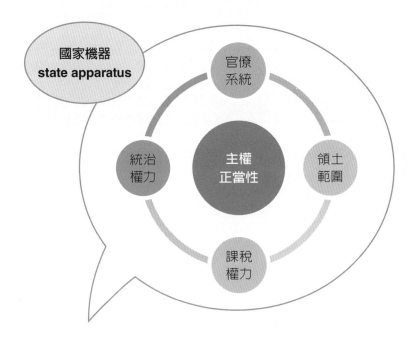

國家機器
state apparatus

官僚
系統

統治
權力

主權
正當性

領土
範圍

課稅
權力

壓迫性	· RSA, repressive state apparatus · 政治、法律、軍事、警察……

人民

意識性	· ISA, ideological state apparatus · 教育、文化、媒體、宗教……

極權政府
totalitarianism

威權政府
authoritarianism

民主政府
democracy

Unit 2-8
後現代理論

從1960到1990年代，新馬克思主義及各種現代理論，已無法滿足詮釋後現代社會的現象，因此，後現代主義（postmodernism）於焉而生，其認為現代主義的教育社會是植基於理性啟蒙和自由而重建社會；其次，因為科學與技術持續進步，產業結構化愈發符合資本主義社會，產生了教育社會的偏態；再者，現代主義注重整體化和主宰敘事，以普遍性和抽象性否定了社會中的局部和特殊，以科學的客觀和學術的中立包裝自己，將特殊的權力關係合法化等。因此使社會喪失了終極意義，而人的性質也隨之改變。以下舉著名的法國社會學家、哲學家李歐塔（Jean-François Lyotard）有關後現代知識的論述說明之。

一、教育目的

李歐塔提出對於現行教育體制的反抗與反極權的思維，並且對於學校僅教授日常習以為常的知識提出質疑，認為教育應培養學生對於差異有敏銳的感受，鼓勵學生發展創新的想法，以更多元、包容的態度來對待個人與社會，尊重社會上少數及弱勢的族群的發言機會，以對話深化理解。

二、課程內容

後現代的課程著重歷程（process），而非僅限於內容（content），老師不能只依照舊經驗回應學生的正確答案，甚至，必須在每天變動的教室經驗中創造新知。因此，後現代主義對於課程的觀點是一種批判與動態的課程觀，強調課程應該是透過對於師生、師師之間的行動與對談而形成，而非受限於預先設定的課程內容。因此，十二年國教課綱的主軸，即強調學習歷程對於師生的重要性，歷程中的任何內容、測驗、報告與作業，都不再僅僅是一個學習計畫的完成，更是繼續探索、研究與討論的開始，因此，課程將是開放的系統，不再是封閉的系統。

三、教學方法

李歐塔對於資訊與科技在後現代社會中的重要性有所論述，並且在教育方法上有極大的啟示。拜今日社會資訊的發展，使得在教學活動上具有更多元的角色，例如：翻轉教學（flipped teaching）、磨課師（MOOCs）等，扮演了重要的角色，改變了教師傳統的角色與任務，重新詮釋師生的關係，同時也對教學的型態產生不小的衝擊。

在後現代社會中，終身學習將成為人們不斷生存發展所必須的教育型態。因此，學習不再有師生主客體之分，教師角色更具多元化，在教學中師生對話變為重點。其次，學生可自行透過資訊與科技吸取知識，因此，師生關係會更趨向感情中性與專門性。後現代主義教育學者反對任何確立的、外在的、永恆的教育目的，主要訴求的是開放的、不確定的、異質的與對立的教育活動。

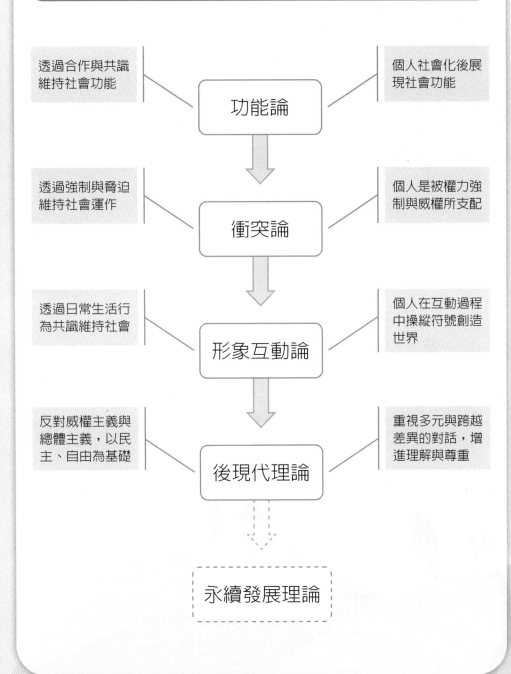

教育社會學理論進程

透過合作與共識維持社會功能

個人社會化後展現社會功能

功能論

透過強制與脅迫維持社會運作

個人是被權力強制與威權所支配

衝突論

透過日常生活行為共識維持社會

個人在互動過程中操縱符號創造世界

形象互動論

反對威權主義與總體主義，以民主、自由為基礎

重視多元與跨越差異的對話，增進理解與尊重

後現代理論

永續發展理論

第 **3** 章

教育與社會化的發展

● 章節體系架構 ▼

Unit **3-1**
社會化的內涵

社會化（socialization），泛指人們從出生到死亡的生命歷程中，各個階段傳承與學習人類社會各樣社會規範、意識、傳統等文化元素，各自形成與他人不同的心理特質和行為態度，這是一種內化過程（internalization），也是受教育的過程（educated）。其中一種是系統性、正規化的教育，例如：學校的教育、監獄的矯正教育；另一種是非系統性、非正規化的教育，例如：社會風俗、大眾媒體、宗教文化等對人的教育與影響，因此，社會化是將生物我（animal self）轉化成社會我（social self）的過程，在潛移默化中，影響人們的成長、成熟和行為選擇。

一、生活、學習和生產的基本知識、技能和素養

人類社會的知識、技能與態度都不是與生俱來，而是經過學習而得的，經過知識、理解、應用、分析、綜合、評鑑的知識階梯逐步習得，形成內化的能力與素養。

二、社會規範的學習與社會道德的實踐

社會規範與社會道德是維護社會秩序的重要工具與良知，經由社會化可使個體將社會規範與道德內化到人格之中，並能隨時隨地約束自己的行為與彰顯人類良善的價值。

三、生活目標的確知和人生理想的邁進

生活目標和人生理想是社會化的重要目標之一，使個體能夠依據自己的目標和理想去處理各種生活中的矛盾和問題，選擇個體發展的道路，形成個體發展的方向。

四、社會角色的模仿和學習

社會化的具體呈現，在於模仿和學習社會所需要的各種社會角色，在社會角色的學習過程中，對角色的權利和義務的學習是相當重要的，也要學習如何處理不同角色的矛盾和衝突。

五、個體自我概念的發展

社會化也是一種濡化（亦稱文化化），同時也是個人性格和自我概念發展的過程，其發展可分為良心（conscience）、自我衝突（ego struggle）及認同（identification）三階段。

六、社會化的對象

可分成主要社會化（primary socialization）、預期社會化（anticipatory socialization）、再社會化（re-socialization）、反社會化（de-socialization）及反向社會化（reverse socialization）等不同類型。

七、社會化的機構

主要包含家庭、學校、同儕團體、工作場所和大眾傳播媒體，隨著資訊科技與網際網路的發展，所謂虛擬實境（Virtual Reality, VR）、智慧機器人（AI Robot）也可能成為一種媒介與工具。

人生存在的意義概念圖

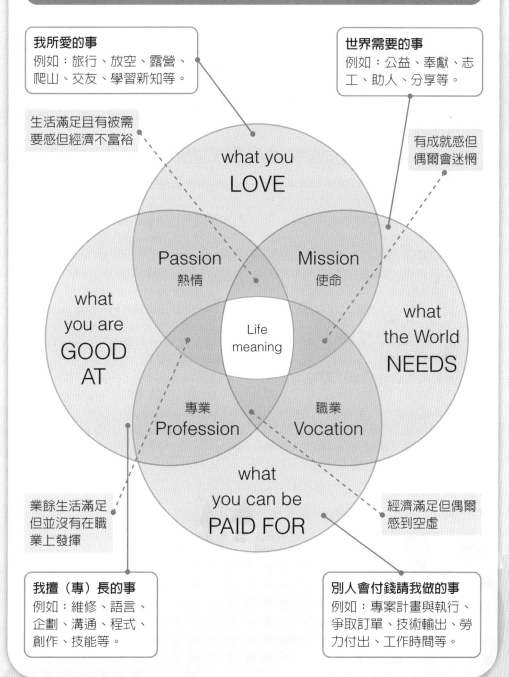

我所愛的事
例如：旅行、放空、露營、爬山、交友、學習新知等。

世界需要的事
例如：公益、奉獻、志工、助人、分享等。

生活滿足且有被需要感但經濟不富裕

有成就感但偶爾會迷惘

我擅（專）長的事
例如：維修、語言、企劃、溝通、程式、創作、技能等。

別人會付錢請我做的事
例如：專案計畫與執行、爭取訂單、技術輸出、勞力付出、工作時間等。

業餘生活滿足但並沒有在職業上發揮

經濟滿足但偶爾感到空虛

what you LOVE

what the World NEEDS

what you are GOOD AT

what you can be PAID FOR

Passion 熱情

Mission 使命

專業 Profession

職業 Vocation

Life meaning

Unit 3-2
社會化的類型

社會化（socialization），通常所指的是「主要社會化」與「預期社會化」為主，但其類型會因著階段、環境、時程等因素而有不同的分類，所以，社會化本身是人們終其一身都在進行，主要目的是適應社會規範、激發個人抱負、訓練社會角色及傳授個人技能等。

一、基礎社會化（primary socialization）

主要發生階段是個體在幼年時期，於家庭中所經歷的社會化歷程，此歷程係透過基本價值、行為能力、規範和語言的習得，以協助個體由生物人（biological human beings）逐步轉變為社會人（social human beings）的過程。

二、預期社會化（anticipatory socialization）

主要發生階段為受正規教育的時期，指個體為了將進入某一社會（或團體）而學習該社會（或團體）之價值、信念與行為的歷程，其主要目的是協助個體轉換進入新的社會地位或團體之中，亦稱為次級社會化（secondary socialization）。

三、再社會化（re-socialization）

主要發生於個體所具備的社會經驗會妨礙新的社會角色，或是對社會適應造成負面影響時，個體就需要再社會化，也是學習新價值觀、信念和行為模組的歷程，主要是消除之前社會化的自我形象與觀點，這樣的過程亦稱為除社會化（de-socialization），通常需要比較漫長的時間才能達成。

四、繼續社會化（continuing socialization）

主要發生於個體成年的階段，為了適應自己角色的轉換，會嘗試使用新的價值觀來重新扮演自己，因此，不會僅有單一角色或型態的社會化，而是針對不同的角色，而產生不同的繼續社會化，例如：結婚生子之後，需要扮演夫妻與家長的角色等。

五、反社會化（anti-socialization）

可分為兩種情況，第一種是對社會化的抵制和反對，例如：輕蔑老師的教導、對學校課程的中輟或不合作的態度，通常會產生偏差或犯罪的行為。另一種是民主社會中為擴展個體的能力，成為社會中一個理性、素養和獨立的公民，強調獨立思考與負責任的社會批判。

六、反向社會化（reverse socialization）

社會化通常是長者對年輕者的影響；反之，當年輕者對長者的影響即稱之反向社會化，例如：父親為了了解孩子玩線上遊戲的情況，而自己也受到孩子的影響迷上了線上遊戲。或者，老師為了親近學生文化，也從學生團體習得學生文化中的詞彙與活動等，亦稱為逆社會化（counter socialization）。

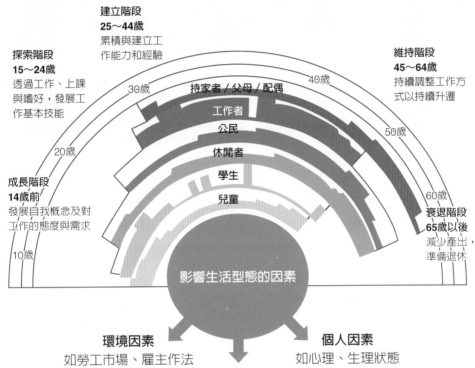

舒伯（Donald E. Super）的生涯彩虹圖（Life-Career Rainbow）

建立階段
25～44歲
累積與建立工作能力和經驗

探索階段
15～24歲
透過工作、上課與嗜好，發展工作基本技能

維持階段
45～64歲
持續調整工作方式以持續升遷

成長階段
14歲前
發展自我概念及對工作的態度與需求

衰退階段
65歲以後
減少產出，準備退休

持家者／父母／配偶
工作者
公民
休閒者
學生
兒童

10歲　20歲　30歲　40歲　50歲　60歲

影響生活型態的因素

環境因素
如勞工市場、雇主作法

個人因素
如心理、生理狀態

情境因素
如歷史、社會經濟

發展階段	年　齡			
	15～24歲 探索階段	25～44歲 建立階段	45～64歲 維持階段	65歲以後 衰退階段
衰退階段	減少從事嗜好的時間	減少運動的參與	專注於必要的活動	減少工作時數
維持階段	確認目標 職業選擇	使職位安定	在競爭中維持 自我穩定	持續做喜歡的事
建立階段	開始在選擇的 領域工作	在一個永久職位 安定下來	發展新技能	做想要做的事
探索階段	對如何掌握機會 有更多學習	找機會做 想做的工作	確認要解決的 新問題	找到好的 退休地點
成長階段	發展務實的 自我觀點	與我別人 建立關係	接受自己 的極限	發展並重視 非職業的角色

Unit 3-3
社會化的理論

兩位美國經濟學家撒母耳‧鮑爾斯（Samuel Bowles）和赫伯特‧金帝斯（Herbert Gintis），於二十世紀70年代中期提出社會化理論（socialization theory），並於1976年出版《資本主義美國的學校教育：教育改革與經濟生活的矛盾》一書，書中提及教育的主要功能在於維護資本主義經濟制度的生存與發展，由於這樣的論述較為激進，因此受到學術界的廣泛研究，並在教育領域產生熱烈討論。

一、社會化理論的觀點

兩位學者採用新馬克思主義的觀點和方法分析美國社會，認為在美國實際上，絕大部分工作只需要程度較低的知識與技能，勞工工作的表現與績效，主要在於勞工本身非知識性的個性與特質，而教育是培養這些個性與特質的重要歷程與工具。因此，教育的經濟功能來自於其社會化功能，而此功能遠比教育提高個體的知識與技能對經濟的影響更為重要。

二、社會化理論的教育內涵

資本主義架構下，教育培養學生習得生產結構所需要的種種非認知性的個性特質，由於管理科學興起，肇始生產結構的階層化、分工化及不同的工作需要不同的個性特質，而教育的經濟功能便是透過不同途徑及手段使學生社會化，讓不同的學生經過教育歷程而形成經濟結構所需要的多元個性特質。因此，教育的社會化功能是一個差異性的社會化過程，運用多元化的教育結構型態，產生了階層化教育、權變的教育決策、不均的教育經費來源及多元課程的興起。

三、社會化理論的符應理論

學校教育為不同社會階級培育人才與人力，學生出社會後，能在不同的職業工作，因此，不同社會經濟地位的學生，會受到不同教育而養成不同個性特質。據調查研究，資產階級的子女有更多機會進入一流學校及大學，培養出自尊、積極進取和創新精神的特質，畢業後能找到較高階職位。而中低階級的子女往往在條件較差的學校及大學上學，養成遵守規律、盲目服從的特質，以適應畢業後進入較低等職位的需求，這就是所謂的符應理論（correspondence theory），而教育正是為經濟服務的社會化過程。社會化理論指出，經濟的不平等是社會不平等的根源，教育改革與擴展無法改變經濟的不平等結構，要實現社會平等，就得改革經濟。

社會化理論從勞動經濟學、社會學、人力資本理論等角度，揭露了資本主義教育的階級現實，但也忽略教育具有相對獨立性、進步性和個體生涯多元發展的一面，因此，此理論對整體教育的分析，不盡然能夠完整詮釋，但也顯示經濟對於教育發展具有高度且關鍵的影響。

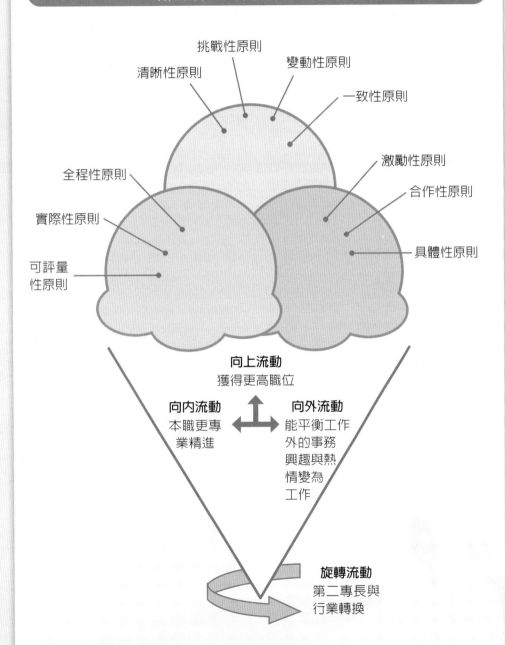

職涯規劃（社會化）甜筒圖

挑戰性原則
變動性原則
清晰性原則
一致性原則
激勵性原則
全程性原則
合作性原則
實際性原則
具體性原則
可評量
性原則

向上流動
獲得更高職位

向內流動
本職更專
業精進

向外流動
能平衡工作
外的事務
興趣與熱
情變為
工作

旋轉流動
第二專長與
行業轉換

Unit **3-4**
鏡中自我理論

美國社會學家察爾斯·霍頓·顧里（Charles Horton Cooley）認為人性不是自然存在個體中的特性，一旦脫離某種關係密切的群體時，人性也會因此而改變、消失或退化，因為個體的特性係由此原初群體（primary group）所塑造出來的。顧里一生都在美國密西根大學任教，任教期間提出鏡中自我理論（looking-glass self），主張個體需透過設身處地的方式，從他人的角度來認識自我，因為人們具有高度社會性，所以個體必須透過他人的眼光了解世界，也必須學習他人的觀點或立場。

042

一、鏡中自我的概念

美國社會學家喬治·賀伯特·米德（George Herbert Mead）認為「自我」是當個體能夠取替他人的角色時才存在，因此，「自我」是經由兒童時期學習他人的角色、想像他人對自己的評價。當時顧里提出他人對個體都是一面鏡子，反映出他人所表現過的事情，也證實個體對自我的概念是基於他人對自己的反應和知覺所產生，即稱為鏡中自我理論，此種理論也是形象互動論的濫觴之一。其主要概念是在解釋個體如何從一個生物個體，轉變成為一個社會人，並且透過自己想像別人對他是如何觀察與判斷的一種想像，以及想像別人對自我的看法，進而獲得自我的概念。

二、鏡中自我的內涵

在與他人的交往中，個體首先想像自己在他人眼中的形象如何，其次，想像他人對自己的形象如何評價，最後根據他人對自己的評價形成自我感。如同人們在鏡子中看到自己的形象，個體從他人對自己的判斷和評價這面鏡子中發展出自我意識。因此，人的性格不是遺傳而來的本能，而是在社會互動的過程中逐步習得、形成的社會化的結果，主要有以下三種狀態：

(一) **呈現（presentation）**：想像我在他人心目中的形象，即我想像、你知道。例如：想像自己的樣態或行為出現在別人腦海中的情況。

(二) **想像的判斷（identification）**：想像他人對此形象的看法，即我想像、你覺得。例如：想像別人對自己的樣態或行為的評價。

(三) **主觀的解釋（subjective interpretation）**：根據別人對自己的看法，而產生自我的感覺，即我認為、我自己。例如：藉由別人的評價，形成對自我的感覺和反應。

每一個人的「鏡中自我」或「人鏡自我」均是透過個人在社會化過程之中，經常接觸的人物，例如：同儕、父母、師長的行為相互影響而形成的。在人際互動與接觸的過程中，個人體認到別人對自己的看法，了解到別人眼中自己的特點或價值，從而發展自己的人格、興趣、抱負或期望。

周哈里窗

（Johari Window by Joseph Luft & Harry Ingham）

盲目自我：當局者迷、旁觀者清
自己不知道而他人知道的區域，
不見得是負面的事情。
例如：講話有口頭禪，但是自己
卻不知道。

未知自我：當局者迷、旁觀者亦迷
自己不知道而他人也不知道的區域。
例如：自己未曾察覺，或壓抑下的經
驗與記憶，需透過治療或催眠或可得
知。

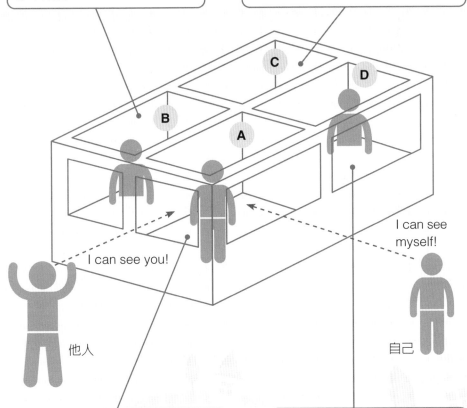

I can see you!

I can see myself!

他人

自己

開放自我：當局者清、旁觀者亦清
自己和他人都知道的區域，例如：
態度、感情、經驗，並隨對象而有
所差異。
例如：上班拘謹、下班放浪形骸。

隱藏自我：當局者清、旁觀者迷
自己知道而他人不知道的區域，
個人有意識隱藏的祕密或想法，
多數人採取選擇性揭露。例如：
工作上的祕密。

Unit 3-5
社會自我理論

美國社會學家也是心理學家喬治‧賀伯特‧米德（George Herbert Mead）透過社會相互作用的現象，說明個體是在與他人互動過程中，因為語言符號的學習、理解與角色扮演中，經由社會反饋，學會反省或自我覺察，形成自己作為主體及客體的思維，進而形成自我的概念，並不是天生具有社會自我意識。

一、社會自我概念

由於自我概念的形成是建立在個體反省能力的基礎上，自己是主體也是客體的一種能力，透過「主我」（I：主格的我）與「客我」（Me：賓格的我）之間的內心對話，進而形成自我概念。

（一）主我（自然我，nature I）：還未社會化的、主觀的、本能的、具有創造力的我。

（二）客我（社會我，social Me）：已經社會化的、客觀的、守規的、受過薰陶的我。

（三）重要他人（significant others）：重要他人，例如：父母、長輩、兄弟、姊妹、老師、同儕或路人甲，是個體所羨慕、模仿的對象，是影響社會自我發展第一個階段的重要因素，這些人也將變成是個體的參考團體。

（四）參照團體（reference groups）：參照團體，例如：正面、反面參照團體、偶像團體、同儕團體，在社會互動的過程中，每個團體對個體的重要性不同，會使個體產生心理認同，作為模仿學習的對象團體。

（五）概括化他人（generalized others）：亦稱類化他人，是探討個人如何從參照團體中選擇適當的角色，根據抽象的原則評斷自己的表現，並形成穩健與統整的自我形象，例如：兒童在遊戲之中，先是模仿成人及角色扮演，繼而發展遊戲的規則，各種規則的服從便是類化他人的作用。

二、兒童社會化的過程

兒童期是發展自我的關鍵期，由於自我意識並非與生俱來，而是在與他人互動過程中，透過模仿與遊戲，學會自己作為客我的思維而形成自我的概念。

階段	年齡	社會化行為特徵
模仿（準備）階段 Imitative Stage	2～3歲	會模仿重要他人的行為舉止。例如：學媽媽畫口紅、學爸爸翹二郎腿。
遊戲階段 Play Stage	4～8歲	會隨性扮演不同的社會角色，不會去在意其他同伴的角色或表現，只會注意到自己扮演的角色與表現。
團體遊戲階段 Game Stage	8歲以後	會開始注意別人（概括化他人）對自己的評價與看法，學習由他人的角度來看自己，並開始懂得角色之間的關係。

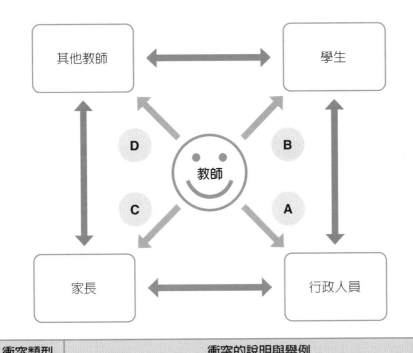

教師角色衝突概念圖

衝突類型	衝突的說明與舉例
A. 角色間衝突	一個人要同時扮演不同角色，而每一個角色間的期望相互矛盾所引起的衝突。
	施老師是一位老師同時也是主任，當施老師希望能多花點時間在教學上時，但卻又被繁重的行政工作糾纏。
B. 參照團體間的衝突	當不同參照團體對同一角色的期望不同時，所引起的衝突。
	家長希望施老師能夠管教嚴格，但班上的學生卻希望他不要管太多。
C. 參照團體內的衝突	當同一參照團體對同一角色有不同的期望時，所造成的衝突現象。
	施老師班級的家長中，一部分家長希望老師能夠嚴格一點，但另一部分家長希望能夠以人本與教育愛來管理班級。
D. 角色人格間的衝突	當組織角色的期望與成員的人格特性相互矛盾時，所引起的衝突。
	施老師所屬的學科領域，希望能夠維持傳統的教學模式，但是施老師的個性喜歡創新，希望導入創新教學模式。

Unit 3-6
人格發展理論

二十世紀最偉大的分析心理學家西格蒙德‧佛洛伊德（Sigmund Freud），著有《心理分析理論》（*Psychoanalysis*）、《夢的解析》（*Interpretation of dreams*）與《潛意識》（*Unconsciousness*）等書，在意識層面理論，主要包含意識層次理論（意識、下意識和潛意識）、人格結構理論和人格發展理論等。

一、人格結構理論

㈠ 本我（id）就像內心的魔鬼一樣，掌管一切原始的動物性行為的慾望，所有慾望都必須要被立刻滿足（immediate gratification），如同好逸惡勞的情況一般。

㈡ 自我（ego）就是心中自我意識中的部分，將原始動物性「本我」產生的慾望和社會化所形成的道德感與規範之間取得平衡，如同以理性戰勝感性。

㈢ 超我（superego）就像內心的天使一樣，在於社會道德規範下所形成，其一，為自我理想，要求自己行為符合自己理想的標準；其二，為良心，規定自己行為免於犯錯的限制。從支配人性的原則來看，支配超我的是完美原則。

二、人格發展理論

佛洛伊德的人格發展理論中，離不開「性」的觀念，所以其發展分期為性心理發展期。依照年齡分為五個時期，前三個時期是以身體的部位命名，是「本我」的基本需求區。

（一）口腔期（oral stage，0～1歲）

此時期生理表現主要是透過口腔的吸吮、咀嚼、吞嚥等活動獲得滿足，若活動受限制，可能會留下不良的後遺症，在成人之後，可能出現咬指甲、貪吃、抽菸等行為，在性格上呈現悲觀、依賴等特徵。

（二）肛門期（anal stage，1～3歲）

此時期生理表現主要是透過大小便所產生的刺激快感獲得滿足，若對於衛生習慣的訓練太嚴格，可能會留下不良的後遺症，在成人之後，可能出現頑固、吝嗇、冷酷、剛愎等的性格特徵。

（三）性器期（phallic stage，3～6歲）

此時期生理表現主要是透過性器官獲得滿足，會喜歡觸摸自己的性器官，進行探索獲致滿足，此時已能辨識性別，男幼童可能出現戀母情結；同理，女幼童可能出現戀父情結。

（四）潛伏期（latent stage，7歲至青春期）

此時期兒童進入學齡階段，學習興趣持續擴大，同儕之間的團體活動傾向性別分離趨勢，關注事物由身體與家庭轉變到周圍的環境，呈現出潛伏狀態。

（五）兩性期（genital stage，青春期以後）

此時期男生約13歲、女生約12歲，此時期個體的第二性徵表現明顯，生理與心理上的兩性差異開始顯著，性的需求轉向相似年齡的異性，開始有了性別生活與理想，產生婚姻家庭的意識。

各家人格發展理論比較表

年齡	皮亞傑 Jean Piaget 認知發展理論 Cognitive- development Theory	佛洛伊德 Sigmund Freud 精神分析學派 Psychoanalytic School	艾瑞克森 Eric H. Erickson 心理社會發展理論 Psychosocial Developmental Theory	柯爾伯格 Lawrence Kohlberg 道德發展階段論 Stages of Moral Development
6個月 1歲 1.5歲	**感覺動作期** （sensorimotor） 個體憑藉著感官器官，探索外界事務，藉以獲取知識的歷程。	**口腔期（oral stage）** 靠口腔的吸吮、咀嚼、吞嚥等活動獲得滿足。	**嬰兒期** 信任與不信任 對人信任，有安全感；面對新環境時，會焦慮。	**道德成規前期** 避罰服從取向：恐懼懲罰，無條件服從權威者，個體認為凡是不被懲罰的行為都是好的；遭到批評、指責的行為都是壞的。
2歲 3歲 4歲 5歲 6歲	**前運思期** （preoperational） 能使用語言表達概念，但有自我中心傾向，能使用符號代表實物，能思維但不合邏輯，不能看見事物的全面。	**肛門期（anal stage）** 靠大小便產生的刺激快感獲得滿足，此時期衛生習慣的訓練，對幼兒是重要關鍵。 **性器期（phallic stage）** 靠性器官獲得滿足，此時幼兒喜歡觸摸自己的性器官，幼兒在此時期已能辨識男女性別。	**幼兒期** 自主行動（自律）與羞怯懷疑（害羞） **學齡前兒童期** 自動自發（主動）與退縮愧疚（罪惡感）	相對功利取向：行為對錯視行為後果賞罰而定，道德是一種利益交換，希望得到比付出多，類似買賣的關係，認為得到利益，就是好的。
7歲 8歲 9歲 10歲 11歲	**具體運思期** （concrete-operation） 能根據具體經驗思維以解決問題，知道可逆性、自我中心的消失、邏輯思考，但尚無法作抽象思考。。	**潛伏期（latent stage）** 此時期興趣擴大，由對自己的身體和父母感情，轉變到周圍的事物，慾力呈現出潛伏狀態，此時期的性別之間，在情感上較前疏遠，團體性活動多呈男女分離趨勢。	**學齡兒童期** 勤奮進取與自貶自卑 具有求學、做事、待人的基本能力；缺乏生活基本能力，充滿失敗感。	**道德循規期** 尋求認可取向：以人際關係和諧導向，順從傳統要求，表現從眾行為。 順從權威取向：以法治觀念判斷是非，信守法律權威，重視社會秩序。
12歲 13歲 14歲 15歲	**形式運思期** （formal-operational） 開始會類推，有邏輯思維和抽象思維，能以假設驗證解決問題。	**兩性期** （genital stage） 此時期，男生約在13歲，女生約在12歲，個體性器官成熟，生理上與心理上所顯示的特徵，兩性差異開始顯著。 自此以後，性的需求轉向相似年齡的異性，開始有了兩性生活的理想，有了婚姻家庭的意識，至此，性心理的發展已臻成熟。	**青少年期－青春期** 自我統整（認同）與角色混淆 有了明確的自我觀念與自我追尋的方向；生活無目的、無方向，時而感到徬徨迷失。	**道德自律期** 法治觀念取向：表現思考靈活性，不用單一的規則去評價個體行為，法律為公益而制定，行為對錯視雙方契約或大眾的共同認可而定。 普遍倫理取向：個人根據他人的人生觀和價值觀，以建立道德判斷、一致和普遍性的信念，信念的基礎是人性尊嚴、真理、正義和人權。
青少年 青年	友愛親密與孤癖疏離 ◄		成年早期	
成年	精力充沛與停滯頹廢 ◄		成年中期	
青壯年	自我榮耀與悲觀絕望 ◄		成年晚期至老年期	

Unit 3-7
認同危機理論

心理學家艾瑞克森（E. H. Erik Homburger Erickson）主張的心理社會發展論，認為人在成長及社會化的過程中，各個階段都會遇到各種心理與社會化等問題，如果順利地解決這些問題，就會表現出積極的適應態度，如果不能適時地、適當地解決這些問題，就會出現認同危機。由於人的一生都受到生理的、心理的與社會的交互作用影響，個體透過適應環境，發展自我意識，促成自我發展，因此，大約從12歲到20歲，也就是青春期到青年時期，會產生明顯的自我認同的危機狀況，這個時期也與佛洛伊德（S. Freud）的兩性期（genital stage）相仿。

一、人格發展階段

艾瑞克森認為人格發展可分為八個階段，是一連串的自我危機，每次危機若得以成功地解決，代表著上一階段到下一階段的轉變能夠積極的適應，能使自我的力量增強；若不能成功地解決危機，則不利於自我概念的正向發展，而且會減弱自我概念功能。

二、認同危機與社會的關係

認同危機會產生失落與衝突，也是社會所面臨的共同現象，由於社會多元化、全球化等因素，造成舊有的結構與價值衰弱，因此，重塑了原有的社會及文化結構。另外，由於文化與族群也受到多元文化的挑戰，使得性別議題也成為世代有關家庭概念的衝擊，影響著青年人的自我概念與認同的發展，這些自我選擇與自我組合的心理特性，稱為心理社會的認同（psychosocial identity），而人的一生每個階段都潛伏著認同危機，若自我認同沒有獲得順利發展，其所帶來的危機和不利的影響，是社會最不樂見的情況。

階段	時期	發展vs.危機	發展障礙	發展順利
1	0～1.5歲 嬰兒期	信任vs.不信任	面對新環境時，會焦慮。	對人信任，有安全感。
2	2～3歲 幼兒期	自主行動vs.羞怯懷疑	缺乏信心，行動畏首畏尾。	能按社會行為要求，表現有目的之行為。
3	4～6歲 學齡前兒童期	自動自發vs.退縮愧疚	畏懼退縮，缺少自信心。	主動好奇，行動有序，有責任感。
4	7～11歲 學齡兒童期	勤奮進取vs.自貶自卑	缺乏生活基本能力，充滿失敗感。	具有求學、待人接物的能力。
5	12～18歲 青少年期-青春期	自我認同vs.角色混淆 【認同危機】	生活無目標，感到徬徨與迷失。	有了明確的自我觀念與自我追尋的方向。
6	19～30歲 成年早期	友愛親密vs.孤寡疏離	與社會疏離，感到寂寞與孤獨。	待人有信，能安心立業成家。
7	31～50歲 成年中期	精力充沛vs.停滯頹廢	不關心別人生活與社會，缺少生活意義。	能遵守社會常規與要求，生活有目的與成就。
8	50歲～死亡 成年晚期-老年期	自我榮耀vs.悲觀嘆息	悔恨舊事，徒呼負負。	經驗豐富，充滿智慧，有責任心。

認同危機之社會認知與基模

社會影響（social impact）
他人如何影響我們的思想、感覺與行為。

社會認知（social cognition）
人類如何選擇、解釋、保留並使用社會資訊。

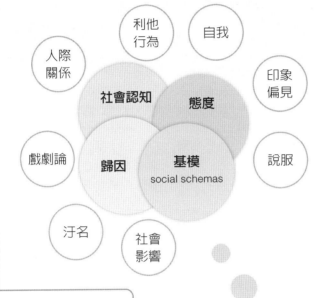

社會關係（social relation）
關注人群如何進行正面或負面的互動。

凸顯性	在群體中，最引人注目的人或物就會形塑成一種基模。

	對一個人有既定印象時，會透過這個預先的印象去評斷一個人。	初始性第一印象

重複曝光	一種敘述經常出現，因為熟悉感而對其產生好感與正確性。

	我們常常會透過個人的生命經驗，去形塑對一件事情的認知。	個人經驗

促發	愈容易回憶的基模，在社會判斷的時候，就容易被拿出來使用。

Unit 3-8
社會化的機構

　　人們透過學習社會的文化與規則，獲得人格成長及社會互動，同時經過持續學習新事物，進而調整自我的價值、態度和行為，求取適應外來不斷變動的社會環境，這是社會化的過程。再者，人們經由不同的社會化機構（socialization agents），把「個人」和「社會」連結起來，這些影響人們的社會機構或組織，包含家庭（family）、學校（school）、同儕團體（peer group）、政治團體（political group）、職業團體（vocational group）、宗教團體（religious group）、社會福利機構（social welfare agency）、大眾傳播媒體（public communication media）及網際網絡虛擬社會（virtual / cyber society）等，以下提出五個機構或型態作說明。

一、家庭（family）

　　家庭是最初始且最重要的社會化機構。人們透過家庭習得踏入社會前的習慣與態度，而家庭成員也是幼兒最佳的角色學習對象，家人的互動也是人們進入社會時，社會對於個體的評價與觀感的來源，例如：老師會說：「這個孩子很有教養」，就是彰顯個體其家庭價值的寫照。

二、學校（school）

　　學校是專為社會化所設置的場所。由於社會制度使然，個體到達一定年紀，皆會離開家庭接受學校的教育，並且學習社會上普遍的知識、技能、規範及價值觀等，當然，學校也是引導個體進入較大社會的主要機構，也是奠定以後進入工作社會的基礎。

三、同儕團體（peer group）

　　同儕團體是指與個體年紀相當或地位接近的人群。同儕團體通常是個體的重要他人或參照團體，其主要功能是提供相互支持及活動興趣的培養，沒有長幼尊卑之分，並且在青春期時對個體的影響會達到最高值，進而弱化與家庭的互動。

四、大眾傳播媒體（public communication media）

　　二十世紀後的社會，電視、電影、收音機、雜誌、報紙等大眾傳播媒體，是人們透過報章雜誌的閱讀，或無線、有線媒體的傳播接觸到不同的社會互動方式，進而了解整體社會的大量資訊及社會角色，當然，媒體也提供了娛樂與訊息傳播的最佳功能。

五、網際網絡虛擬社會（virtual / cyber society）

　　網際網絡（internet）的虛擬社會就是網路社會，虛擬社會是在網路空間中所形成的新社會，經由現實和想像的虛擬化（組合、聯繫、作用與活動），連結與現實社會所構成的新的社會，年輕人在這樣型態的社會中扮演了非常重要角色，當然也在其中進行了社會化的活動，因此，這樣的型態也逐漸成為社會化的一種形式。

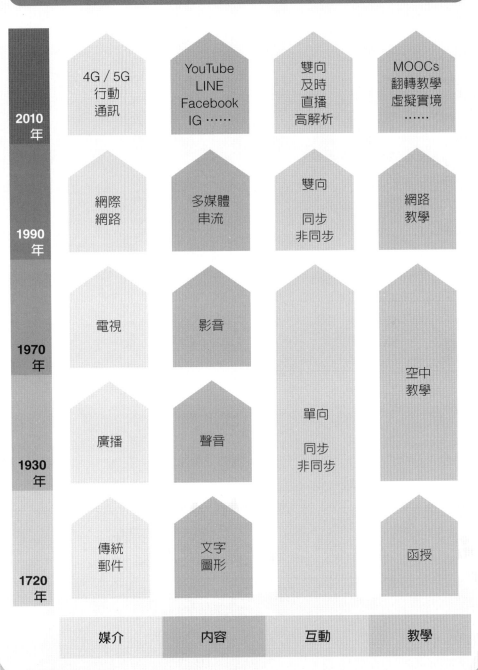

媒體與網路的教學社會化發展

年	媒介	內容	互動	教學
2010年	4G／5G 行動 通訊	YouTube LINE Facebook IG ……	雙向 及時 直播 高解析	MOOCs 翻轉教學 虛擬實境 ……
1990年	網際 網路	多媒體 串流	雙向 同步 非同步	網路 教學
1970年	電視	影音		空中 教學
1930年	廣播	聲音	單向 同步 非同步	
1720年	傳統 郵件	文字 圖形		函授

第 **4** 章

教育與政治關係

●●●●●●●●●●●●●●●●● 章節體系架構 ▼

Unit 4-1
國家權力與教育

社會學家帕森斯（Talcott Parsons）認為：「權力是一種普遍性能力。當集體目標與義務相符時，群體會使用權力來確保義務履行；反之，當集體目標與義務衝突時，會有負面制裁權力的行動出現。」在國家層次而言，權力有三種假設：第一，權力具有理性的特質；第二，政治權力是國家制度內的權力；第三，社會權力會制約國家權力。

一、國家權力的功能

國家存在的目的在於保障人民的基本權利，現代法治國家以《憲法》為最高準則，任何國家機關權力的行使，只要涉及到國家與人民的關係，就不能免於基本權利與義務的約束，因此，國家權力也受其與相關法律所規範。

（一）國家權力侵害

人民基本權利具有防禦權的功能，亦即當有國家權力侵害人民權利時，可直接根據基本權利的規定，請求停止侵害之態樣。例如：我國《憲法》即明文保障人民之人身、言論、宗教、集會遊行等自由，就是防止國家權力侵害的例子。

（二）國家權力不作為

人民基本權利係賦予人民一種法的地位，但是國家權力不作為時，例如：勞工權益受剝削、大量解僱或失業與獨占壟斷等情事發生，因為社會對國家權力行使的不信任，會導致社會秩序混亂，因此，若以社會福利國家的觀點，人民可直接根據基本權利的規定，請求國家提供財物性、實物性或勞務性的支援。

二、國家權力與教育

我國《憲法》第21條：「人民有受國民教育之權利與義務」的規定，由於教改的推動與教育思潮的演變，進而推動《教育基本法》立法與實施，此法第2條第1項，表明「人民為教育權之主體」，同法第8條對於教師的專業自主權、學生的學習權及家長教育權予以明文保障。整體國家權力與教育的關係，轉變為「教育是人民之權力的彰顯而非義務的履行」。

（一）教育基本權

我國《憲法》保障教育基本權的目的在促進個人的自我實現，以使學習者開展自我、實現自我，成為能夠立足於社會的成熟個體。

（二）教師專業自主權

教師專業自主權是利他性的權力也是教師的義務，終極目標為達成學生的自我實現，因此，教師的教學自由與輔導管教應以學生的最佳利益為考量，這是教師專業自主權的極值。

（三）教育行政與教育基本權

教育（學校）行政以輔助教學及執行學校決策為先，並有義務根據《憲法》保障基本權利的精神從事教育行政事務，當行政管理涉及權力的行使時，應有法律保留原則、依法行政原則、明確性原則、比例原則、平等原則、正當法律程序等《憲法》理念的適用。

社會權力基礎（**Bases of Social Power**）── 弗朗契和雷文（**French & Raven**）

1. 獎賞權力（Reward Power）
2. 強制權力（Coercive Power）
3. 法職權力（Legitimate Power）
4. 參照權力（Referent Power）
5. 專家權力（Expert Power）
6. 資訊權力（Information Power）

領導者對於部屬給予正面的獎賞或去除負面效應的權力。

領導者對於部屬實施強制力，強制部屬服從或懲戒部屬的權力。

當領導者透過選舉或職務任命，擔任職位之合法行為權力，亦稱組織權威（Organizational Authority）或規範權力（Normative Power）。

領導者因個人特質或傑出表現，成為別人學習參照榜樣的權力。

領導者擁有的專長、專門知識和特殊技能，能為別人所信服的權力。

領導者以權力對於別人必須與重要的訊息，進行控制。

Unit 4-2
馬克思主義與教育

馬克思主義是在階級鬥爭中不斷得到發展的科學，透過哲學教育使得人類的思想獲得解放，世界以勞動力與計畫生產方式建構起社會關係，並決定人類的社會意識，但此意識卻成了制約人類的力量，社會發展是建立在勞動人口的勞動行為之上，但在資本主義的架構下，勞動力已成為資本家的消耗品，進而使無產階級勞工產生異化，因此，需要透過教育的思想解放取代資本主義的不平等。

一、馬克思與恩格斯的教育思想（古典馬克思思想）

馬克思（K. H. Marx）與恩格斯（F. Engels）是馬克思主義的創始人與夥伴，認為生產關係主宰著人類階級的組成，而不同階級間的利益衝突產生階級鬥爭，並以推動眾人利益為先的體系取代資本家（個人）利益的體系。所以，教育應將個人目標轉為公共目標、自然獨立轉為精神自由、原始趨力轉為倫理趨力，整體社會透過教育，將從資本主義轉變為社會主義，再轉變為共產主義，以塑造社會主義意識與社會。主要的教育主張如下：

1. 反對資本主義的學校教育課程與教學以生產為主，訓練學生成為生產工具；認為應以社區民眾所組成的學校委員會，主導學校教育的課程與學生具有思想與哲學觀，而非專為資本家所用的職業教育系統。
2. 認為教育應確保理論和實務之間的連結，避免智性勞動與身體勞動之間的分離，進而造成異化現象，因此提倡綜合科技教育。

3. 反對兒童進入工廠工作，所有兒童都能在公立學校接受免費教育，堅信自由、解放、反異化的思想教育。

二、包爾斯與金帝斯的教育思想（新馬克思思想）

鮑爾斯（S. Bowles）及金帝斯（H. Gintis）認為教育系統是使資本主義「階層化分工」不斷「再製」的最主要因素。並且認為學校與資本主義的關係，並非學校能改造資本主義社會，而是學校參照「符應原則」，符應資本主義社會。

1. 資本主義結構將教育以社會化、工廠化、規則化呈現，而教育也以提供技能與知識回應資本家，即所謂的符應原則。
2. 學校教育應該是改變學生，而非改變經濟系統，改變學校教育不必然能改變資本主義下的不平等。
3. 學校教育改變的是學生對經濟環境與條件的認知與意識，而消除經濟不平等的議題是一個政治問題而非教育問題。
4. 認為學校是一個權威不平等的組織，教師是權威者，學生只能順從，因此學生之間存在衝突、對立、強制。

衝突論與結構功能論的社會階層教育觀比較

社會階層教育觀	衝突論	結構功能論
形成	上層階級宰制教育系統 下層階級希望思想解放	社會分工的需要 教育系統的科層制度
關係	師生衝突與對立 教師與行政對立	師生合作與協調 教學與行政合作
本質	權力之間的不平等	能力之間的差異
分配	以階級鬥爭與反抗而定 以民意代表力量爭取經費	依社會的重要性質而定 依競爭型計畫給予經費
意識	上層階級對下層階級的宰制 學生與教師對於課程的反思	社會集體意識的彰顯 課綱依照各學科訂定
利益	對抗上層階級的利益 升學制度由上層階級控制	不同社會階層有不同利益 升學制度採多元入學
層數	上層 vs.下層	依照社會結構而定
流動	上層階級複製階級與職位 反對階級複製與世襲	依照個人努力與成就發展 採取個人功績主義

Unit 4-3
新自由主義與教育

經濟學家凱因斯（John M. Keynes）由於1930年代美國經濟大蕭條，挑戰自由主義（liberalism）思維，提出新自由主義（neo-liberalism）的觀點，自1970年代起，以自由市場機制為原則，重新整理經濟、政治與社會制度的計畫，檯面上強調市場自由、個人自由、管理效能與削弱國家干預；但是檯面下是政府權限不斷擴充，為了爭取政府經費卻迎合政府規定。以教育為例：教育的升學與教學淪為市場中的產品，因此，私有化與自由選擇（privatization vs. free choice）、鬆綁與競爭（deregulation vs. competition），透過開放教育系統，引進產業界的管理手法，加強教育主管機關的主導權力，並透過教學與評量的改進，達到效率與效能（efficiency & effectiveness）的績效責任（accountability）目標。

由於新自由主義學派深受傅柯（Michel Foucault）與韋伯（Max Weber）等學說的影響，故其主張並不反對政府治理，反而希望政府朝向有效能的治理與競爭，以下提出與教育相關的概念：

一、教育市場規則導向

由高等教育開始，學校校務基金預算的部分自籌，招生不再拘泥於入學考試，透過多元入學方式招收學校想要的學生，豐富大學自理與學術自主性，使得大學走入市場競爭的趨勢。

二、刪減教育與社福的支出

大幅削減政府對於教育與社會福利預算，主張由企業界申請政府補助，由企業提供教育、公共、社福等公益等資源，並提供這些企業減稅等優待措施。

三、支持制度與法令鬆綁

鬆綁教育制度與法令，但教育主管機關仍負監督之權責，使得教育能夠符合自由市場機制，也不會增加政府對於教育經費大幅增加現象。

四、教育私有化

教育將學校透過私有化，除了傳統由私人設立學校，並引進公辦民營教育、非學校型態實驗教育、學校型態實驗教育等，鼓勵私立大學學校法人化，健全私立學校董事會及財務結構等，以此來提升教育的多元性與經營競爭力。

由上可知，新自由主義認為政府的政策、系統及面對企業的態度是影響教育自由市場發展的關鍵因素，主張由政府訂定法令與設置相關組織並提供資源，由企業與學校合作，改進教育問題，提升教育品質，並達到教育的效能，使得教育與社會不至於脫軌，政府能夠從中受益，人民能受惠。

實驗教育三法比較圖

學校型態實驗教育

| 私立 | 公辦公營 | 公辦民營 |

每年級學生以40人為限，全校不得超過480人。

與各縣市公立學校相同。

招生與經營良好的機構自學，多數會想要轉為私立學校型態的實驗教育。

公立學校可以申請改制或新設實驗學校，不同教育階段每縣市的比例不能超過5%。

目前以宜蘭縣最多，如人文中小學、華德福。

非學校型態實驗教育

| 個人自學 | 團體自學 | 機構自學 |

3人以下

3至30人

3至30人

管制較少彈性較大

成長幅度較快

每班25人為限，國中小總人數250人以下；高中總人數125人以下。

型態像學校，學生要寄學籍在公立學校。

Unit 4-4
新保守主義與教育

美國在1960年代之前，有一段很長的時間，自由主義取得優勢地位，也是美國立國的精神。在1960年代之後，一群資深的自由主義者與同爲自由主義者產生路線上的分歧，而激進的自由主義者（新左派）就爲這群意見相左的知識分子取名爲新保守主義（neo-conservatism）（新右派），其中老克利斯托（Irving Kristol）就是新保守主義的主要倡議者，並且創辦了《公眾利益》（*The Public Interest*）與《國家利益》（*The National Interest*）兩本雜誌。其中政治代表人物有雷根總統（R. W. Reagan）、老布希（G. H. W. Bush, Bush Senior）、小布希（G. W. Bush, Bush Junior）、英國柴契爾夫人（M. H. Thatcher）等人。新保守主義主張民間保守力量、政府不干預市場自由競爭，推動自由貿易、減輕稅賦、削減社會福利等特色，另外也反對多元文化社會、強調愛國主義、以戰爭手段制裁恐怖分子等。

新保守主義與教育政策，最著名的就是由小布希總統於2002年1月8日簽署聯邦法律「不讓任何孩子落後法案」（No Child Left Behind Act of 2002, NCLB），又譯爲「把每個小孩帶上來法案」或「有教無類法案」。其內容簡述如下：

一、以實施「績效責任」（accountability）來改進學生學習成果。

二、績效表現的內容：
  1. 高中以下學生英、數兩科之測驗分數到精熟度的比例。
  2. 高中生畢業率。
  3. 適任教師的比例。

三、設有獎懲機制，符合績效標準的學校可以持續獲得經費補助；連續兩年以上未能達到標準者，將被列入需要改善學校。

四、學區和州政府得要求學校提改善計畫，包含：
  1. 協助學生轉學。
  2. 提供補救教學。
  3. 進行課程改革。
  4. 替換部分或全數教職員。
  5. 轉型爲公立或私人經營的特許學校。
  6. 由學區或州政府接管學校。

由於NCLB法案的績效責任制度有著許多實施障礙，因此，2015年12月10日，民主黨籍的美國總統歐巴馬（Barack Obama）簽署了「每一個學生都成功法案」（Every Student Succeeds Act, ESSA），取代了共和黨籍小布希總統的NCLB法案，改爲由州政府主導並發展評量工具，對於學生採取多元評量方式，對於表現差的學校給予經費補助，促其改善教育品質。歐巴馬總統強調：「透過此法案，重申美國基本理想——每一個兒童，不論種族、所得、背景、居住所在地，都有同樣的機會過他們所想要過的生活。」

「不讓任何孩子落後反案」與「每一個學生都成功法案」比較圖

	NCLB 不讓任何孩子落後法案	**ESSA** 每一個學生都成功法案
州政府與聯邦 	1. 州政府要求學校對學生的成績負責。 2. 本法提供彈性較小的教育框架。 3. 本法設定的普遍目標，即每所學校的每個學生都必須精通閱讀和數學。	1. 州政府要求學校對學生的成績負責。 2. 本法提供彈性靈活的教育框架。 3. 每個州都可以在聯邦框架內，設定自己的學生成就目標。
學術標準 	1. 各州必須在閱讀、數學和科學方面採用「具有挑戰性」的學術標準。 2. 本法並未禁止聯邦政府鼓勵各州採用一套特定的標準。	1. 各州必須在閱讀、數學和科學方面採用「具有挑戰性」的學術標準。 2. 聯邦政府不能試圖影響各州標準的決定。
學業成就 	1. 州政府必須使所有學生達到州考試的「熟練」水準，包含特教生。 2. 各州必須制定「年度適當進步指數」（AYP）。若學校未達到AYP，可能會被標記為「需要改進」或可能需要解僱其員工與面臨其他聯邦處罰。	1. 州政府必須為學校的學生設定成就目標，包含特教生，這些目標應有助於縮小與其他學生的差距。 2. 陷入困境（改進）的學校不會有聯邦的懲罰；相反的，這些學校將獲得更多資金，並且需要制定一項改進計畫。
家長參與	各州在制定州計畫時，不需要從父母和家人那裡獲得意見。	各州在制定州計畫時，需要從父母和家人那裡獲得意見。

Unit 4-5
教育的政治功能

從社會學的觀點來看，教育的政治功能是有意識的社會再製（conscious social reproduction），也是政治社會化的最重要途徑，透過政治權威進行整體教育的分配，使整體社會受其有意識的教育。在民主國家，社會大眾能夠參與民主政治，做出選擇；在極權國家，大眾參與政治的權力受限，並無充分選擇權。由於教育內容與政治實踐的選擇都不是沒有限制性的，因此，美國賓州大學校長古特曼（Amy Gutmann）認為教育的政治功能，第一，要給學生有道德自由（moral freedom），能分辨善惡，能夠將選擇投入在美好生活上；其次，能發揮家庭功能的良善，並參與社會的政治，從而獲得文化的和諧性（cultural coherence）。從教育和政治之間的關係而論，學校是政治社會化的主要管道之一，國家的政治文化也全面影響教育制度的內容與形式，要選擇哪一個文化來創造和諧，本身就是一個政治的決定，代表社會在集體重新創造我們所分享的社會。

一、促進政治社會化與國家治理效能

教育是最重要、制度化的政治社會化手段。教育一方面使國家統治權威獲得支持，另一方面同時建立公民的標準。所以，各國政府莫不重視大眾教育（mass education）的控制與分配，以期建立共同的政治價值觀，以便國家統治。

二、培育並選擇政治領導人才

根據韋伯（Weber）的文憑主義思想，現代政府實踐科層體制（bureaucracy），重視功績（meritocracy），而教育乃選擇與分類的系統，透過培育民主素養與篩選才能優劣，培植社會英才，進入國家公務體系與領導階層，進而提高施政效能。

三、維護社會和諧並彰顯國家主權與建設

整體社會存在宰制階層、文化霸權、社會再製、文化資本與符號暴力，皆透過政治實踐過程行諸在教育領域，也由於政治的控制與分配，使得國家在主權與經濟建設獲得一致的成就。反思，教育應該增進學生對政治組織與系統的知識，使其成為熱忱且忠誠的公民，增加他對自己及他人權利的了解，進而能夠合作，達成集體自決（collective self-determination），維護民主與社會和諧。

政治權力與權威影響教育系統甚鉅，政治如何運用壓力團體制定教育政策，而政策的實踐透過政府機關及官僚體系，影響學校的領導、行政、管理與教學，使得整體教育獲得一致性下的多元發展，這就是政治在教育的終極目標。

教育決定的關係圖

類型

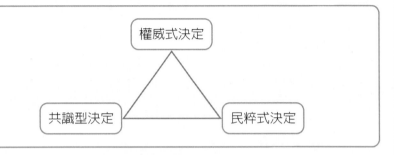

權威式決定

共識型決定　民粹式決定

過程

理性決定過程　互動決定過程

原則

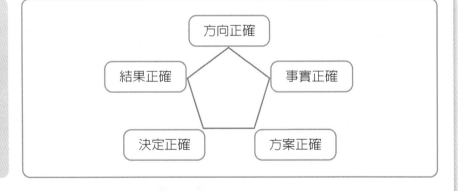

方向正確

結果正確　事實正確

決定正確　方案正確

執行

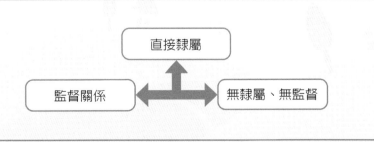

直接隸屬

監督關係　無隸屬、無監督

Unit 4-6
學校與政治的關係

圖解當代教育社會學

064

學校與政治的關係，從社會學的觀點來看，是一個互動與牽制的關係。從學校內部的正式課程與非正式課程中，以學生爲主體的方式，教師透過課程傳遞與發展，以教學方式來表徵政治行爲與文化，並促進學生政治社會化的目標；從學校外部來說，學校與外部的政治連結，由近而遠，可從學校所在地的鄰里村長、鄉鎮市區長、縣市首長與各級民意機關都是學校政治關係的延伸。另外，家長會、校友會、基金會與宗教團體等，也是學校政治關係的觸角之一。

一、學校內部政治社會化

（一）正式課程

正式課程以社會領域實施公民教育與政治思想傳遞爲主，其次是國文、英文、綜合活動、彈性課程等其他學科的融入政治與國家現況的教學。

（二）典禮活動

典禮活動是政治傳遞的重要方法之一，屬於間接的、非正式的潛在課程，學校典禮活動有升旗典禮、唱國歌、舉行重要節日的紀念或慶祝活動等。

（三）教師的政治文化

校園內有關教師的政治文化屬次級文化，但卻對於學生的政治定向與行爲模式有重要的影響。教師建立的教室文化與對公共事務的參與，也在無形中影響學生的政治學習。

（四）學生活動

學生校內正式活動分爲社團活動與自治活動，學生可以習得各種政治性的經驗，影響日後政治行爲的發展。這些活動有班會、社團經營、學生自治會等。

（五）學校環境的布置

在集會場所懸掛國旗，會議室懸掛元首肖像等，教室、走廊、集會場所、地點顯著的校園內張貼政令等，隨時提醒學生並加強公民素養與愛國意識。

二、學校外部政治社會化

（一）民意機關的代議士（民意代表）

此類的政治人物，對於學校影響甚鉅，但多數代議士仍是對學校經營有著直接的好處，例如：協助經費預算的爭取；但仍有些代議士，以政治力介入校園人事、財務、教學等，給予學校不小壓力。

（二）各類支援組織

此類大致有家長會、校友會、基金會與宗教團體等，也是充滿政治文化的場域，對於學校有著財務上直接與間接的支援，因此，也會左右學校的政治文化與作爲。因此，學校若能妥善經營與外部的關係，將能事半功倍地推展校務；反之，社會或社區政治力也可能干擾校務經營的現象。

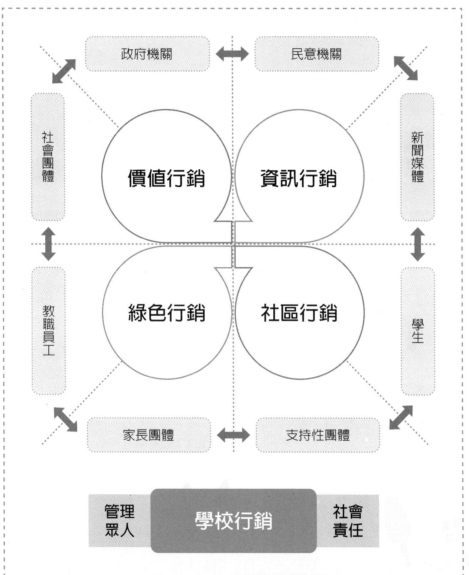

學校內外部的政治行銷關係

政府機關 ⟷ 民意機關

社會團體

新聞媒體

價值行銷　資訊行銷

綠色行銷　社區行銷

教職員工

學生

家長團體 ⟷ 支持性團體

管理眾人　學校行銷　社會責任

Unit 4-7
教育與權利的關係

066

有關權力（powers）在「國家權力與教育」的章節已說明，本章節所談的權利（rights）係探討教育與權利的關係，亦即教育權利（education rights），簡稱「教育權」。顧名思義，係指教育方面的權利，此種權利，包含兩大層面，其一，是學生接受教育的權利：任何人受《憲法》保障，不能因其性別、種族、膚色、宗教、家庭背景或社經地位等因素，而遭受剝奪其教育權；其二，是決定教育發展的權利：不論國家、社會、學校、教師、家長等各階層，都有參與決定教育事務的權利。因此，教育權可說是《憲法》保障人權的普世價值。

一、學生受教育權

學生之受教育權係指憲法保障學生之學習權。此權利又分為自由權和福利權，前者尊重學生自由接受教育的權利；後者則是國家應提供學生合適的教育，以利學習與發展。然而，在教學現場往常因教師輔導與管教失當，而引發學生受教育權的爭議，甚至被作為法律攻防的焦點。

二、家長教育權

家長之教育權係指父母基於親權之《憲法》基本權利，對其子女有教育之權利與義務。依《民法》規定：「父母對於未成年之子女，有保護及教養之權利義務。」此種權利與義務的行使，即所謂的親權（elternrecht）。除了教養

子女的權利之外，另有「教育選擇權」乃是家長在義務教育階段，基於子女學習需求，選擇子女就讀學校的權利；而「參與學校事務權」乃是家長參與學校相關事務與組織的權利，以確保子女能夠接受優質的教育。

三、國家教育權

國家之教育權其論點有二：其一，國家教育權係國家主權與統治權之概念，屬於權力（powers）；其二，國家教育權係受人民之託付，並以代議制度作為監督，以確保教育品質與人民素質，屬於權利（rights）。因此，九年國民義務教育即是國家「權力」與「權利」之彰顯：「權力」遂行強迫入學條例；「權利」係保障人民基本教育權。因此，國家教育權也是實現家長教育權的最適方式。

四、教師教育權

教師之教育權係指教師基於《憲法》之講學自由等權利及教育本質之必要，擁有教育學生之權利。教師教育權並非為了教師自身利益，而是保障學生人格適性發展的公眾利益，並且教師不是國家機器的執行者，而是使學生人格正常發展，本身具創造力、享有自由法治、具教學特質的法律位階。因此，教師在尊重人性價值之上，應以有教無類、因材施教為原則，以人文精神及科學方法，致力協助學生發揮潛能及追求自我實現。

教育四大支柱與教育權

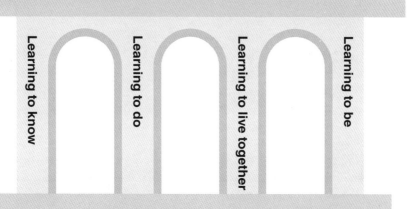

教育四大支柱
The four pillars of education

Learning to know

Learning to do

Learning to live together

Learning to be

Learning to change

國家教育權　　　　轉　變　　　　學生學習權

第 **5** 章

教育與經濟發展

章節體系架構

Unit 5-1
教育的經濟功能

教育的經濟功能不是直接呈現在創造物質與財富，而是呈現在爲經濟活動提供勞動力、知識力、技術力與創造力，以上四種面向都是必須經過教育與訓練才能充分供給經濟社會，使得人們可以因此謀生，進而增進經濟發展。1979年諾貝爾經濟學獎得主舒爾茲（T. W. Schultz）提出人力資本（human capital）的概念，定義爲人的能力價值，並主張教育的支出是「純消費」和「投資」的組合，教育的投資是透過正規教育系統，獲得學歷與學力；而訓練的投資是指透過訓練，提升技能或知識以增加生產力與利潤。馬克思（K. Marx）說：「要改變人的本性，使其獲得一定程度的勞動能力和技巧，成爲成熟與專門的勞動力，就一定要透過教育與訓練。」

一、教育與經濟的符應

主要以資本市場與市場經濟爲核心，由於整體市場經濟的需求，教育結構透過系統性的程序反應，產出符應經濟結構的基礎人力、勞務條件、技能提供、技術服務、專業知識與創造發明等，這是將教育以生產方式轉爲商品和生產力的思維。

二、教育是產業與市場

（一）教育產業論

將教育定性爲經濟產業爲具有服務性質的產業。因此，教師是提供勞務的勞動者，透過教師專業與知識、技能、態度的教育提供社會所需，並提升社會大眾的素質、水準與生活品質，以促進經濟發展。教育既爲產業，產業就必須與市場結合，才能產生動能，提升行政與管理效率，達成教育效能。

（二）教育市場論

將教育視爲一種資源，並受成本與價格的波動，因此，教育的提供是有「成本」的基礎，而非免費的概念，依據教育成本訂出教育的價值（格），因此，在不同教育階段會產生教育資源配置的現象，略分爲公立、私立學校及實驗教育等，提供社會大眾選擇，因此產生多元競爭的市場。由於各國政府重視教育系統，因此會以政策主導教育市場，以促進教育機會均等與有秩序的教育市場。

三、教育的經濟價值

舒爾茲在《教育的經濟價值》（*The Economic Value of Education*）一書，指出教育的經濟價值有：
1. 科學研究的結果與知識可改善生產技術。
2. 培育與發展學生潛能。
3. 提升學生適應經濟社會變遷與工作變異的能力。
4. 培養高素質教師教育國家所需的人才。
5. 滿足學生對科學、科技與知識的追求。

教育經濟學發展理論

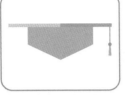

文憑理論（篩選假設理論）

教育具有篩選的功能，將人們分門別類到不同的職業與職位。

二元勞動市場論

主要勞動力市場 → 大公司、大企業的工作。
次要勞動力市場 → 小企業、小公司的工作。
教育的功能是決定個人在主要勞動力市場，還是在次要勞動力市場上工作。

社會化理論

社會化理論認為教育的經濟功能源於其社會功能，而教育的社會功能，遠比教育教導知識技能對經濟的影響更重要。

教育可以培養職業技能	教育可以培養經濟建設人才
教育可以促進經濟成長	教育可以提升人類生活素質

Unit 5-2
經濟發展與教育制度

　　經濟發展與教育制度的關係緊密相連，主要理論係以人力資本論為主，其內容涵蓋教育對於國民生產毛額（GNP）的貢獻、教育經費的投資報酬率（rate of return）、教育經費和收入與實質資本之間的關係，及各國入學率與GNP的關聯。臺灣數十年來由勞力密集產業轉向技術密集產業並且進入知識密集產業，目前走向創新加值產業，隨著經濟的轉型，普通型高中與技術型高中學生的比例由早期的3:7提升至5:5，迄今為6:4；技職體系的轉型也相當大，專科學校升格為技術學院，技術學院升格為科技大學，目前潮流是大學之間的整併與大學附屬高中（職）的設置，由此可知經濟發展對於教育制度影響甚鉅。但學者庫姆斯（Coombs）在其所著的《世界教育危機》（*World Education Crisis*）一書指出，教育擴張無助於經濟發展，而且教育制度本身製造許多危機，如下說明：

一、教育制度無法解決經濟發展問題

　　學者觀察開發中國家，發現教育持續擴張，但是社會經濟仍呈現低度發展。雖然有證據顯示提高教育水準的勞動力，會提高生產力，但世界最貧窮的人口還是維持不墜，並且所得分配愈來愈不均等，失業率也持續攀升，學非所用的現象俯拾皆是。因此，經濟發展與教育制度的關聯，技職教育僅僅是技術訓練提供人力；而學術傾向的教育，只不過是社會分化的準則。最終，教育性失業與勞力密集產業，不是教育制度所能解決。

二、教育制度進一步複製社會的不均等

　　批判理論的學者指出，教育被利用來複製社會不平等的工具，主要支撐理論有二：一為配置理論（allocation theory），另一為合法化理論（legitimation theory）。

1. 配置理論是指個體依據其所受教育的長短和類型被配置成某種社會角色，而此過程與教育制度下的學習內容並無相關，因此，教育制度真正的功能是選擇、分類、配置，卻無社會化功能，雖稱教育制度有公平性，但是教育過程（例如：入學機會、教育型態等）至終還是有利於社會的菁英階級，因此，配置的效果便促進並鞏固原有的社會階層。

2. 合理化理論則進一步說明，教育透過制度化，使原有的社會階層，更穩定於複製階層，加劇了社會中原本的弱勢、性別、種族之間的差異。

三、教育制度的社會需求取向與私人需求取向

(一) 社會需求取向：是指由社會需求中受過訓練的人力來決定教育機會的供給。

(二) 私人需求取向：是指由民眾的自發需求及能力來決定就學機會。

　　以上，社會需求取向在一些民主成熟國家並不成功，原因在於政府對於社會需求的評估可能不準確，而且民主社會中，政府無法左右民眾教育選擇的意願。因此，若由政府財務與經濟發展所需決定教育制度與發展，可能會扼殺民眾的教育需求和選擇的機會。

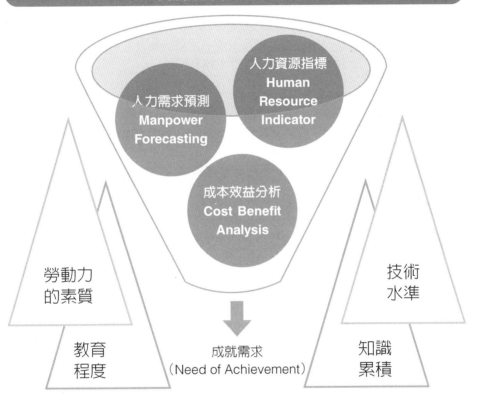

勞動經濟與教育膨脹

人力需求預測
Manpower Forecasting

人力資源指標
Human Resource Indicator

成本效益分析
Cost Benefit Analysis

勞動力
的素質

教育
程度

技術
水準

知識
累積

成就需求
（Need of Achievement）

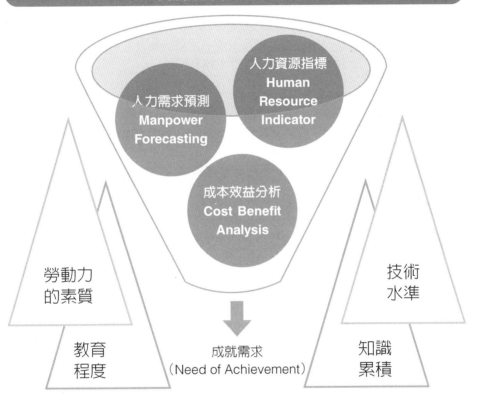

高教育者比低教育者，在工作
上比較容易表現其成就。

高教育者會使一個人去創造新
的觀念、新的方法。

教育膨脹
The Expansion of Education

受較多的教育對工作的適應及
選擇能力較強。

邁向工業化與自動化的過程中，
需要較高的教育程度者，才能夠
改變勞動市場的職業結構。

Unit 5-3
馬克思主義的經濟社會

馬克思的重要著作《資本論：政治經濟學批判》中，對資本主義經濟學理論提出了批判與分析。並以商品價值為例，將其價值分成三種：生產資料的價值、資本家支付的勞動價值與資本家未支付的勞動價值（亦稱為剩餘價值），剩餘價值理論（surplus value theory）認為勞動的付出並沒有獲得同樣的價值回報，因此，剩餘價值被資本家（沒有付出勞動成本）所剝削。

一、資本累積（accumulation of capital）作用

資本家將剩餘價值再轉化為資本，可以透過簡單再生產（simple reproduction）和再擴大生產（reproduction on an extended scale）的資本累積形式，將商品轉化為貨幣，貨幣再轉化為商品。但是馬克思對於資本累積並不完全指的是物質層面，而更深層的說明人之所以存在是為了自己，透過人類有意識的生命活動，實踐全人的經濟社會制度，這就與教育層面息息相關。

二、勞動二重性（dual character of labor）

商品生產的勞動分為具體勞動和抽象勞動二重屬性，具體勞動是具有特定性質、目的和形式的勞動，主要是人與自然的關係，創造商品的使用價值；抽象勞動是屏除具體勞動形式外之勞動的形式，反映出商品與生產者間的社會關係，並創造商品的價值。由於有商品價值才能構成商品交易的基礎，因此，馬克思提出抽象勞動的概念，解決了價值的本質問題。

三、商品二重性（dual character of commodity）

商品具有使用價值和價值二重屬性，商品的使用價值是透過有用商品的交換，滿足人們各種需求。而商品價值是透過人類勞動所得的商品，就是價值實體。所以，價值存在於商品當中，就是所謂商品的社會屬性，並呈現商品生產者間相互交換勞動的社會關係。

四、經濟社會中勞動價值理論的問題

由於馬克思對於勞動的定義：其一，勞動是唯一的生產要素；其二，勞動是同質的。但是，除了勞動之外，例如：土地、資本、機器設備、經營管理能力、教育訓練都是生產要素。因此，資本家要獲取利潤，不一定要剝削勞工，透過投資更好的資本設備，更有效能的經營管理能力與教育訓練，都可以獲利。另外，有關於勞動同質，就是不同的工人具有相同的生產力，這樣的論點也並非符合社會現實，因為每個人的性別、體力、特質與專長都不相同，也都有不同的專精項目，因此，不可能所有人都屬勞動同質。因此，馬克思的經濟社會理論，不盡然適配當今的多元經濟社會體制，卻可以提供吾人對於教育投資有所參考。

教育投資（**Educational Investment**）概念圖

教育是投資財
（Investment Goods of Education）

是對於未來消費能力的增進。

可以累積資本，擴大資本的儲存量。

是將來賺錢能力的加強。

具有耐久性或長久性，在未來獲得利益。

是社會聲望、社會地位及發展潛能的增進。

直接收益法
the direct-return-to-education
approach

同類級的教育中「個人收入間」之差異，提供個人投入教育和國家對各級各類教育投資之參考。

相關分析法
the correlation
analysis approach

比較不同國家、不同時期，或不同行業間「教育投入」與「生產力」的關係，提供教育決策參考。

餘留因素
the residual factor
approach

扣除影響經濟力的量化因素，以衡量不同教育項目上的投資，對經濟成長所作的貢獻。

Unit 5-4
社會再製理論與教育

社會學家阿圖塞（Louis Althusser）主要受到批判理論與新馬克斯主義思潮的影響，對於涂爾幹（Durkheim）所認為教育制度的功能是傳遞社會文化、道德規範的內化與個人能力的發展，能促進社會穩定提出質疑。尤其對於結構功能論的功績主義與平等主義，使得學校能成為社會平衡工具提出批判意見，認為教育為資本主義服務，成為工具理性而宰制個體心靈並再製社會階級的工具；應以反對科層化、反霸權宰制的批判精神，重新思考與反省教育制度的定位。

一、意識型態、權力與知識的再製

意識型態的本質以物質性的觀點詮釋並具有主體性，資本主義的上層階級透過法律與道德基礎成為統治的主體性，因此，教育之目的是再製社會權力關係的意識型態，此種意識型態具有自主性，呈現霸權地位難以撼動，並且與社會階級互有權力與支配的關係，進而約束個人思想與行動的絕對力量。因此，教育成為教導學生認識社會權力關係的知識，而知識正是意識型態之所在。

二、社會生產條件的再製

社會生產條件分為職業知能的訓練與意識型態的涵養，教育內容包含了聽、說、讀、寫、算、實作、報告、展演、分享等，並能養成良好行為規範與道德，以符應不同職業的角色期望與規範，使學生未來能成為各種職業人員。所謂社會再製，正是生產條件的再製，也是生產力與生產關係的再製，而培養對工作規範與社會倫理的服從態度，才能避免學生出社會之後，對於上層階級統治、壓迫與剝削的反抗。

三、教育制度與學校的再製

教育制度宰制學生生涯的地位，上層階級透過教育制度的設計，實施教育分流，透過各種升學制度將學生安置到不同階段與型態的學校，符應資本社會的勞動力與勞動關係的需要，再製其生產條件，教育制度給予上層階級合法宰制的機制。學校透過課程的傳遞與教授，同時灌輸學生整體資本社會的主流思想，使得社會再製能夠穩定不斷的複製下去，維護資本主義社會的霸權與階級統治。

社會再製理論於現代的民主社會中，已不再適用來全然詮釋，主因是人們透過民主機制可以獲得伸張與舒緩；而霸權意識型態，現今也因著重視學生個體的學習差異，而不再昭然若揭的展現，但某些學生次級文化，仍然會有反抗、排斥、逃避學校既有的價值規範，因而造成低教育成就或中輟情形，這也是抗拒理論（resistance theory）進一步探討的議題。

教育與職業的符應原理

Ctrl + C

學校結構		教學內容
學習過程		家庭背景

Ctrl + V

成績vs.薪資	學術vs.白領	技職vs.藍領	校規vs.服從	能力vs.職位

Unit 5-5
人力資本理論與教育

人力資本（human capital）是經濟學的專有名詞，從古典經濟學來說：是指勞動者的勞動力對於生產發展所增加財富的意義。從現代經濟學來說：是指勞動者除勞力之外，還匯聚了個人經驗、知識能力與精神資本（智力成果）等，一國的生產力高低與人力資本密切相關。綜合言之，人力資本係指一國國民知識、技能與性向之綜合表現，包含創造力、正確的價值觀，以及其他有助於提升生產力與加速經濟發展的人力素質。

教育系統是最有效率的匯聚人力資本的方式之一，在經濟學的觀點中，國家用於人才培育的投資可以促進與培養國家未來的生產力，進而增加財富與提升生活品質。從結構功能論的觀點來說，人受過教育，能夠使個體適應社會並發揮其社會功能；從衝突論的觀點來說，人受過教育，可以免於上層階級的剝削、壓榨與異化；從詮釋論的觀點來說，教育可以透過選擇、分類、傳遞與評鑑反映社會權力分配的現狀，深化人際互動的意義。

一、人力資本論的基本假設

經濟學家舒爾茲（Theodore W. Schultz）在1961年發表《人力資本投資》（*Investment in Human Capital*）論文，其基本假設為：個人在正式教育或在職業訓練的投資，能提升個人的人力資本存量，包含認知、技能、態度、創意與經驗，可以提高個人的生產力，人力資本愈高，所得也愈高。因此，人力素質是改善國家經濟成長的主因之一。

二、人力資本論與教育投資的主要內涵

1. 人力資本是經濟學、社會學與教育學的核心問題。
2. 教育投資對於人力資本的效用大於對物質資本的作用。
3. 人力資本投資與國民所得成正比，比物質資本增長的速度更快。
4. 教育投資不是消費行為，是投資行為。
5. 教育投資應以人力資本市場為依據而調整。

三、人力資本的投資與維護

經濟學家布勞格（Mark Blaug）指出，投資人力資本是指個人以不同的方式對自己本身做花費，這項花費不是為了娛樂與享受，而是為了得到財物與非財物的報酬。投資的方式有受教育、在職訓練、工作經驗、工作升遷與遷調、衛生保健等，其中受教育能夠提高個人能力；在職訓練、工作經驗能夠提高生產力；工作升遷與遷調能夠調薪提高勞動報酬率；而衛生保健可以延長個人壽命，減少人員耗損並維護生產力。

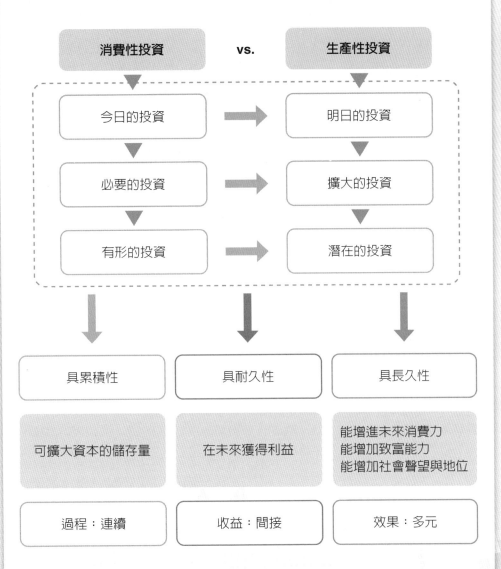

教育投資圖

| 消費性投資 | vs. | 生產性投資 |

今日的投資 → 明日的投資

必要的投資 → 擴大的投資

有形的投資 → 潛在的投資

具累積性

具耐久性

具長久性

可擴大資本的儲存量

在未來獲得利益

能增進未來消費力
能增加致富能力
能增加社會聲望與地位

過程：連續

收益：間接

效果：多元

Unit **5-6**
知識經濟與教育投資

經濟合作暨發展組織（OECD）於1996年針對知識經濟（knowledge-based economy）的型態提出說明：「知識經濟係指以擁有、創造、獲取、傳播及應用知識為重心的經濟型態。」此型態超越古典經濟學的資本、有形資產與勞動力的傳統生產要素，以現代社會的人力資本、知識累積與運用為主要生產要素，因此，與農業經濟、工業經濟、商業經濟並列成為新的經濟型態。教育部也因應知識經濟時代來臨，改進教育投資面向的布局與深耕，結合十二年國教課綱改革做了許多的變革，以人才培育首重務實致用，課程以「生活經驗」與「探究實作」並重，並從能力導向轉為素養導向，以期能夠接軌知識經濟的快速步伐與創新基調。

一、教育行政與學校組織的加速調整

受惠於網路頻寬與資訊及通訊科技（Information and Communication Technology, ICT）的發展，臺灣教育圈的行政管理與學校組織的架構性需要更有彈性與靈活的變化，才能符應知識經濟時代的創新與快速，僵化的紙本作業與管理系統，將被資通訊（ICT）或人工智能（AI）取代。

二、教師教學角色的調整與因應

教師由傳道、授業、解惑的指導者（director）轉變為教學領導者（leader）；班級經營由掌控者（controller）轉變為支持與輔導者（counselor）；課程由提供者（supplier）轉變為促進者（facilitator）；考試與評量由單一考試者（examiner）轉變為多元評量者（evaluator）。老師的角色將由萬般皆下品，唯有讀書高的角度，轉變為會引導、會詰問、會發展、會諮商、會評鑑等，才符合知識經濟時代的條件。

三、學生的學習擴大至終身學習

二十一世紀能力策略聯盟對二十一世紀能力的定義（Partnership for the 21st Century Skills），包含：創造力（creativity）、批判思考（critical thinking）、問題解決（problem solving）、溝通（communication）、創新（innovation）、團隊合作（collaboration）等。聯合國教科文組織曾提出，終身學習是通往二十一世紀的一把鑰匙，因應知識經濟時代的來臨，學習不再是階段性的任務，而是終身的使命。

因應知識經濟的時代，教育投資的教育目標必須以國家願景來表徵，鼓勵新創與動手做，而非只教授知識與記憶；教育的內容必須與時俱進，隨時更新；教學的方法必須配合學生學習的需要有所突破與創新；教育的政策必須具有前瞻性，與時俱進，才能因應知識經濟的快速變遷。這也是後現代與批判教學論的精神，從解構中尋找新的方向與思路，重新建構與滾動調整教育的投資與人才的培育。

人力資本投資特性圖

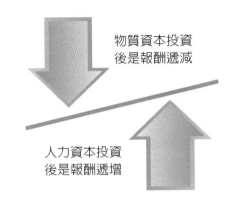

物質資本投資
後是報酬遞減

人力資本投資
後是報酬遞增

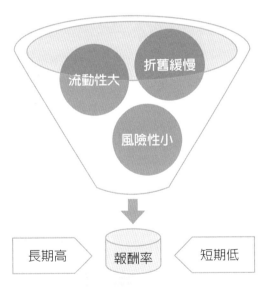

流動性大

折舊緩慢

風險性小

長期高　報酬率　短期低

正規訓練　在職訓練　勞工的
營養保健　勞工的
休閒娛樂

Unit 5-7
國家整體教育經費配置

根據我國《憲法》第164條規定：「教育、科學、文化之經費，在中央不得少於其預算總額15%，在省不得少於其預算總額25%，在市、縣不得少於其預算總額35%。」政府的教育經費雖有《憲法》的下限保障，但是各級政府實際上並未遵守與施行。

於是，1997年進行《憲法》修正，將原本第164條凍結，改以《憲法增修條文》第10條取代，將固定教科文經費比例規定予以廢除，強調「國民教育之經費應優先編列」，引起教育界人士反彈。

因此，於1999年透過《教育基本法》的訂定，依據其第5條的規定：「各級政府應寬列教育經費，並合理分配及運用教育資源。對偏遠及特殊地區之教育，應優先予以補助。教育經費之編列應予以保障；其編列與保障之方式，另以法律定之。」

於2000年，政府訂定出《教育經費編列與管理法》，明確規定教育經費的來源與分配方式，規定：「各級政府教育經費預算合計應不低於該年度預算籌編時之前三年度決算歲入淨額平均值之21.5%。」法案特色有三：第一、從教育基本需求估算教育經費編列的基準。第二、以合議制分配教育經費及其補助款項。第三、公、私立學校基金預算必須一律定期由主管教育行政機關監督之。因此，教育經費的配置，應以公開性、適足性與效能性為精神，以保障學生學習最大權益及達成各類型與各階段教育目標為方向，有以下幾項原則：

一、均等原則

各類型、各階段教育的教育經費其用途與數額均不一致，此外，城鄉差距與地方特色的均衡發展也不容忽視，因此，應以科學方法兼顧教育基金的編列。

二、民主原則

教育經費的編列、分配、收支、管理與審計，應公開透明，除了民意機關的監督，另應組成教育審議委員會，透過多元參與，達成民主與科學的管理模式。

三、績效原則

績效責任制是最有效檢覈教育效能的方式之一，但光以績效為指標，不但容易造成弱勢補償或長期耕耘的教育計畫受到檢討，因此，績效原則不應只有財務標準，仍應參採整體環境與經費配制為宜。

四、權宜原則

教育經費應當逐年滾動檢討與修正，對於現代化社會中，教育的變化快速與情勢錯綜複雜，有需要下放基金預算使用權力，使得教育經費的分配與支用，應因應實際需要而作必要的改變，才能有效充分展現教育的特性與功效。

國家教育經費預算大略圖

單位：億元

項　　　目	107年	108年	109年
學前教育	207	219	374
國民教育	888	874	828
高等教育	1,005	1,006	1,007
終身教育	45	47	64
國民體育	46	47	42
青年發展	5	5	5
資訊與科技教育	23	23	22
社教機構與退撫	160	163	177
占GDP%	5.1%	5.1%	5.1%

第 **6** 章

教育與文化影響

章節體系架構 ▼

Unit 6-1
文化的基本概念

從社會學與教育學的觀點對於文化（culture）都有不同的詮釋。學者泰勒（Edward B. Tylor）認為文化是一種複合的整體，包括知識、信仰、藝術、道德、法律、習俗及作為社會一分子所獲得的任何其他能力與習慣。學者林頓（R. Linton）認為文化是透過相互學習人類思想與行為的菁華來達到完美文化模式，成為人類的行為標準。

一、結構功能論的文化觀點

文化對社會具備認同、行為遵循、維持社會秩序與滿足基本需求的正面功能。

1. 文化是由行動者所選擇的價值、規範與符號，而非由互動的組織所形成。
2. 文化的系統不是經驗系統，而是從系統中抽離的一種類型。
3. 文化的模式不是由隨機所組成，並且遵循形成性的一致性規範。
4. 文化系統是一種模式，不同的部分相互連結，形成價值系統、信念系統與符號系統。

二、衝突論的文化觀點

文化是優勢團體維持或鞏固既得利益的工具，導致文化變遷的形成。

1. 所有文化都具有各自特色，當人們獲得某種文化時，也會產生獨斷文化。
2. 宰制階級的學生獲得的文化資本高於中下階級的學生，通常導致教育上的優勢。
3. 文化透過符號產生意義，宰制階級藉由符號維持其優勢地位。
4. 文化資本形成一種語言與社會能力，產生知識、情意、技能的正向態度。

三、學校文化的特質

由於文化規範是提供價值判斷的標準，因此，文化規範能決定教育目的。由於文化具有歷史性，因此，所累積的文化資本，能轉變為教育資本。文化能透過學校教育與課程中傳遞，文化也具有非正式的教育作用，存在於整體社會環境，因此，學校文化具有下列特質：

1. 學校文化是一種次級文化。
2. 學校文化是一種綜合性文化。
3. 學校文化是一種對立與統整互現的文化。
4. 學校文化是一種兼具積極與消極功能的文化。
5. 學校文化是一種可以有意安排或引導發展方向的文化。

綜上可知，文化是複雜的整體，其內涵包括物質與非物質兩種層面，由於文化具有習得性與傳遞性，因此，文化具有累積性、選擇性與創意性，也是區分不同社會族群的主要符號與象徵。

教育與文化的輪盤

團隊合作

知識與思考

願景與價值

語言溝通
與表達

生活與休閒

教育與文化
輪盤

公民道德實踐

美感與
藝術

科技與創意

技能與動手做

第六章　教育與文化影響

087

Unit 6-2
青少年的次文化

依照我國《兒童及少年福利與權益保障法》第2條：「本法所稱兒童及少年，指未滿18歲之人；所稱兒童，指未滿12歲之人；所稱少年，指12歲以上未滿18歲之人。」各國及各組織對青少年的定義其範圍介於10～25歲之間，我國行政院青少年事務促進委員會將青少年界定於12～24歲之間。

次文化（subculture）為社會主流文化中，次級社會、次級團體等所形成一套有別於主流文化的價值觀與行為模式，其中包括有思想、態度、生活方式、信仰、習慣等，與主流文化有相關，但卻擁有自身的獨特性。

青少年次文化（adolescent subculture）是青少年為了滿足生心理的需要，發展出一套適合自己生活的獨特文化、風格、行為和興趣，是青少年在家庭、學校、工作等身分之外的身分，主要表現在服飾、髮型、裝扮、語言字彙（俚語或暗語）、娛樂方式和行為態度上，有時候對主流文化表現出敵意的青少年次文化稱為反文化（countercultures），其具有以下特質：

一、好逸惡勞的價值取向

臺灣青少年的經濟來源泰半由家中經濟支撐，由於大部分父母親給予零用金的寬鬆，學校也沒有理財等相關課程，容易造成由奢入儉難的狀況；另一部分青少年的零用金由自己打工而得，但取得的過程多數挑選輕鬆的服務業，因此，所賺得的零用金多數花用在娛樂較多。

二、火星文與粗俗語言態樣

由於通訊軟體的發達，青少年交談的語言逐漸趨向圖案、符號化，俗稱火星文；而口語的交談也充斥較為粗俗的語言，也常用粗話作為口頭禪的抒發，並夾雜不同語言的用法，產生與主流社會分離的情況。

三、網路社群與影音平台的資訊流通

青少年最為關注的世界無非是網路社群、影音平台與網路遊戲平台，這些平台提供青少年許多虛擬的想像、排遣時間、交友的功能與娛樂的抒發等，因此，也產生獨樹一格的虛擬社會，進而產生意見表達，成為主流社會不可忽視的意見與資訊來源。

四、逃避退縮的藥物濫用

藥物濫用與成癮也是近年來青少年犯罪的主因之一，造成就學中的青少年中途輟學、中途離校、逃家等情況，這樣的邊緣型青少年成為犯罪團體的來源，也是青少年反文化的具體象徵，應透過檢調、警政、家扶、社福、矯正等機構與學校，逐步協助其回歸正常生活。

學校可以運用青少年次文化的屬性，輔導個人身心特質的正常發展，積極改善學校氣氛與師生關係，關心同儕團體的活動，採取較為多元的活動與課程，減少社會變遷對於青少年的負面影響。

布迪厄（Pierre Bourdieu）非利益觀點的青少年次文化

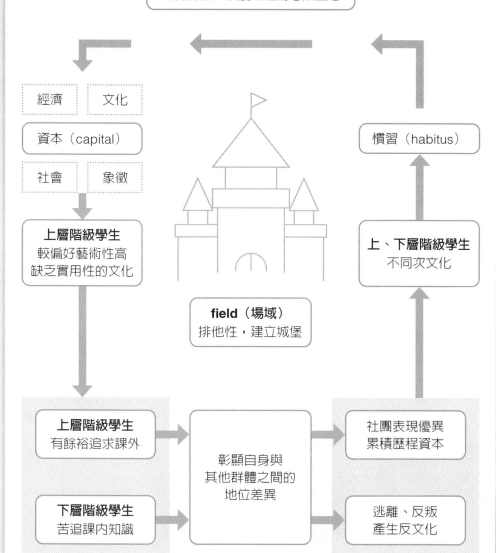

非利益性（disinterestedness）
上層階級主張優越性的意識型態

經濟　文化
資本（capital）
社會　象徵

上層階級學生
較偏好藝術性高
缺乏實用性的文化

field（場域）
排他性，建立城堡

慣習（habitus）

上、下層階級學生
不同次文化

上層階級學生
有餘裕追求課外

彰顯自身與
其他群體之間的
地位差異

社團表現優異
累積歷程資本

下層階級學生
苦追課內知識

逃離、反叛
產生反文化

Unit 6-3
美國青少年次文化

圖解當代教育社會學

090

有關美國青少年次文化研究可以溯及柯爾曼（J. S. Coleman）與高登（C. W. Gordon）兩位學者，對於教育機會均等研究中的發現。柯爾曼研究美國中西部10所高中學生次文化，發現青少年次文化與成人社會次文化在價值與目標上有顯著不同。男生青少年次文化重視運動明星，女生青少年次文化則看重人際關係與同儕領導。由上述研究發現，美國青少年並未把學業成就列為決定同儕交往與同儕地位的優先考慮，此種現象也衍生出「反智主義」（anti-intellectualism）的現象與研究。

一、結構功能論的觀點

結構功能論講求功績主義，因此，學校的學業成就與學術表現成為主流文化的社會系統，如果學生在此種競逐中獲得挫折與失敗，就無法獲得學校文化的肯定，而這樣類型的學生通常以勞工子女或中下階層家庭學生為多數。由於在主流文化中無法獲得肯定與讚賞，因此，這類學生另創一種不同的地位系統，有的以社交、娛樂、外在裝飾為主等等，其中，部分次文化形成犯罪、毒品、暴力的反社會文化，進而影響社會主流文化正常功能的發展。

二、衝突論的觀點

衝突論認為由於宰制階級剝削、壓榨下層階級，部分下層階級順從上層階級的主流文化，使得學校為資本主義服務的價值與制度根深柢固，學校中不同學生的家庭社經背景、社區環境、階級與族群等，並不認同學校以中產階級為主的主流文化，因此，學生在學校會有搗亂、喧鬧、攻擊、開玩笑等行為，凸顯自己並敵視成績好的學生，否定知識價值等次文化，並形成處處與學校制度對立，希望獲得主流文化的正視。美國的黑人與印第安人等族群認為與白人競爭之下，屢遭壓迫與歧視，其子女的學習意願也隨之低落，引發族群對於學校制度與文化的反抗，造成更多學生成績低落，中途輟學，始終徘徊在社會結構底層的次文化。

三、美國青少年嬉皮文化

回溯美國在越戰時期，青少年反戰、反種族歧視的抗議運動風起雲湧，其中存在對形式主義的反抗，對機械化生活的不滿，對功利商業主義的抗議與追求自我表徵的趨勢。由於社會急遽變化的壓力，展現青少年集體防衛的機制，形成一種嬉皮文化（hippy culture），強調只要我喜歡有什麼不可以的文化，青少年穿著色彩鮮豔或另類的服飾，喜歡重金屬樂團與搖滾音樂，追求自由戀愛等等，時至今日，也影響美國青少年崇尚自由、無拘束的次文化。

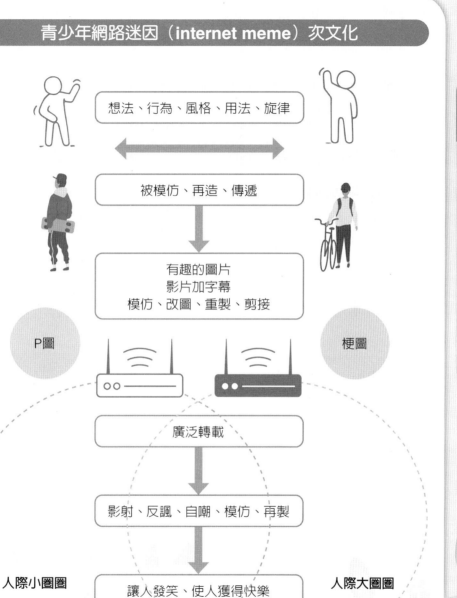

青少年網路迷因（internet meme）次文化

想法、行為、風格、用法、旋律

被模仿、再造、傳遞

有趣的圖片
影片加字幕
模仿、改圖、重製、剪接

P圖

梗圖

廣泛轉載

影射、反諷、自嘲、模仿、再製

讓人發笑、使人獲得快樂

人際小圈圈

人際大圈圈

擴散門檻

Unit **6-4**
英國青少年次文化

2000年之後的英國青少年次文化有愈來愈朝向反文化（countercultures）的趨向，例如：酗酒、毒品、性交易、鬥毆、霸凌等犯罪情形都在歐洲國家名列前茅。由於英國的中學課程通常在下午3點之後，就給予學生選擇社團、體育活動與自由活動的時間，家庭課業的比重也偏向報告與大量閱讀形式呈現，因此，學習自由度相當廣大，因此，若學生未能好好規劃運用，則會造成鬆散的次文化現象。聯合國兒童基金會（UNICEF, The United Nations Children's Fund）在2007年指出，英國近年來青少年輟學率升高，父母親陪伴孩子的時間過低，學校教育過度強調學校競爭，產生貧富差距、階級區分與種族歧視。因此，英國青少年的次文化逐漸走向反抗與敵對的趨勢。百年來，英國青少年次文化演變，大致有下列情形：

一、飛來波女郎文化（Flappers）

在一次大戰之後，青少年女性流行穿著短裙、梳妹妹頭髮型、聽唱學爵士樂，喜歡光鮮的事物，喜歡飲酒與沉迷於性開放的人際關係。

二、泰迪斯文化（Teds）

在二次大戰之後，青少年受到當代藝術家的啟發，開始了搖滾樂的文化，喜歡穿著吊帶褲、喇叭褲、緊身襯衫等，經常在音樂會或舞會滋事與衝突。

三、摩斯文化（Mods）

1960年代，青少年受現代主義運動及義大利時尚風氣的影響，青少年沉迷於R＆B音樂，騎乘偉士牌機車（Vespa），穿著義大利西裝、不打褶的七分長西褲，對於服裝細節陷入癡迷。

四、嬉皮與龐克文化（Hippies & Punk）

青少年喜歡不符合社會認可的嬉皮文化，喜歡穿著軍服與民族服飾，形成獨特風格。1970年代後期，青少年流行自我創作的革命，喜歡透過自我剪髮與染髮，穿著具有藝術感的T-shirt，喜歡組成樂團創作音樂。

五、哥特與新浪漫主義文化（Goths & New romantics）

哥特文化替代了龐克文化，喜歡用兩支手指比出放棄眼神，喜歡畫黑色眼線等行為。新浪漫主義結合古典與華麗搖滾的文化，穿著蓬鬆的襯衫與氣球袖，喜歡實驗新的電子產品與性自由與開放。

六、靈魂、迪士可與狂歡文化（Soulies, disco and ravers）

1990年代開始，青少年流行起靈魂樂與迪士可舞蹈，搭配上顛覆性的T-shirt與豔麗的鞋子。喜歡狂歡的夜總會與戶外節日，在倉庫與公共場所辦舞蹈晚會，尤其以DJ為核心的表演特色，並融入多種形式的音樂。

青少年的後次文化理論（post-subcultural theory）

青少年次文化研究
Center for Contemporary Cultural Studies, CCCS

| 人種誌研究法 | 馬克思主義論 | 霸權概念 | 強調生活風格 |

全球化

| 母文化 | 一體成形 | → | 單一主流 |
| 次文化 | 同質性組成 | → | 抗拒的次文化 |

混種

1. 經濟上的跨國資本流動，勞動市場鬆綁，貿易與管理自由化。
2. 政治上的民主化，移民與非法移民的流動，新自由主義運動。
3. 文化上的語言混用，以英美國家為主流的文化，流行全球化。
4. 傳播上的新聞媒體發達，網際網路的流動，航空業快速擴張。

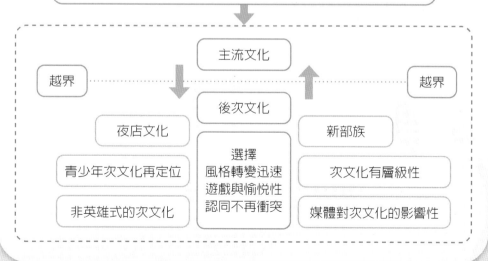

主流文化

越界

後次文化

越界

夜店文化

新部族

青少年次文化再定位

選擇
風格轉變迅速
遊戲與愉悅性
認同不再衝突

次文化有層級性

非英雄式的次文化

媒體對次文化的影響性

Unit 6-5
青少年反文化

圖解當代教育社會學

青少年反文化（counterculture）主要源自於其對於主流價值與制度的反抗，並被排斥於主流社會之外；其所反映出的行為舉止與眾不同，而且臨界於犯罪的邊緣，為法律所不允許的行為也經常出現，甚至引起主流社會的厭惡。由於青少年所處的環境在學校居多，因此，反學校文化亦成為青少年次文化的其中之一，其對於學校的制度、儀式、規範，不能完全地遵從之外，甚至採取消極抵抗或積極衝突的現象，甚或以輟學的樣態出現在學校，使學校成了學生反抗、衝突與鬥爭的場所，因此，學校需要花費更多精神與資源來處理與協助這類型的青少年。

094

一、偏差行為理論

涂爾幹（E. Durkheim）根據結構功能論的概念，以脫序理論（anomie theory）來說明青少年的反學校文化，由於學校規範是學校秩序穩定的基礎，倘若學校沒有一套明確的規範來約束學生行為時，則學校將陷入混亂的局面，因此，學生所產生的偏差行為（deviance behavior）即被認定為反學校文化的一種次文化。莫頓（Merton）認為學校所提供的學習目標，無法滿足或令青少年所追尋時，對某些青少年來說，就會產生極重的壓力，因而產生不順從或逃避的反文化現象。

二、衝突理論觀點

馬克思（K. Marx）以再製理論（reproduction theory）指出整體社會以經濟決定論為基礎，過度強調經濟制度的生產關係，導致學校為了符應資本社會，使得課程與教學成為再製社會勞動力與社會分工，進而合法化以維護社會主流的宰制現象。因此，學校藉由獎勵順從與認同文化；處罰創造性與獨立性，達成控制青少年的社會行動，使其未來能進入社會中適當的職位。因此，反學校文化的學生就會被貼上標籤。柯恩（A. K. Cohen）認為青少年無法符合社會標準時，產生了適應上窘迫，而組成一群志同道合的群體（幫派或社群），伺機衝撞學校或社會，衝撞成功則為主流文化所接受，例如：電競遊戲；衝撞不成功則成為反文化的象徵，例如：幫派滋事。

三、反抗理論觀點

反抗論學者承襲了衝突論的觀點，認為學校成為主流宰制社會服務的工具，提出以反抗來超越再製的限制，企圖解放社會再製的現象。威里斯（Willis）提出勞工階級學生的反抗文化，認為青少年並非完全順從地完成社會化，尤其青少年次文化的反動性格，具有相當地批判性與創新性，這些反抗的青少年被稱為小夥子（lads），為了反對學校與老師的權威，採取直接行為表現來表示，例如：抽菸、喝酒、曠課、奇裝異服、打架或參加幫派等等。艾波（Apple）認為青少年發展了屬於他們自己的反抗次文化，來對抗學校所讚揚的事。吉魯斯（H. Giroux）認為在多元開放的社會中，學校文化是多元的，不再是單一的，優勢的霸權文化並不能代表整個學校文化。

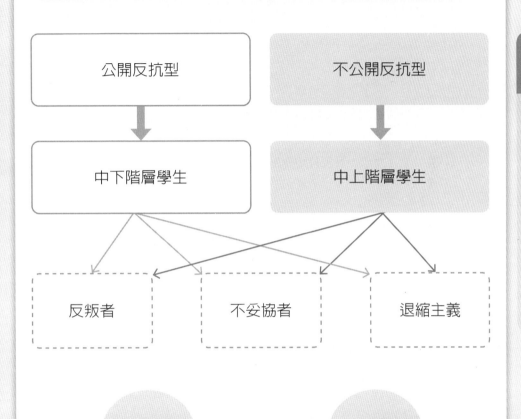

Unit 6-6
同儕團體文化

青少年同儕團體文化（culture of peer group）其成員可多可少，未必有固定的成員或是集會，也未必是好朋友，有可能是泛泛之交，甚至只是身處同一空間的同學，同質性高、年齡相近的朋友們，其文化表徵由次級文化（secondary culture）、參照團體（reference group）及其成員背景交互而成，呈現特定型態的思想與行為模式，與成人與學校教師的目標與期望不盡相符。

一、獨立運作的文化

柯爾曼（J. S. Coleman）的研究指出，同儕團體文化對青少年的影響，甚或大於教師與父母親的影響，有些同儕團體的文化，甚至可以影響教師教學的過程與效果。同時，同儕團體文化可分為有益於學習效果及不利於學習效果的兩種趨向，這樣的獨立運作的同儕文化，有時候可以透過教師與學校的管理，給予改變或導正。

二、易受影響的文化

同儕團體文化並非完全與學校文化處於光譜兩端，有些同儕團體文化較傾向師長所強調的有益性與未來性的文化，這樣的同儕文化具有向學與守規的特質。另有些同儕團體文化注重休閒娛樂性質，以玩樂為核心，物以類聚，例如：網路遊戲的同儕文化，其所環繞的話題都是單一主軸。另有些同儕文化，則以反抗學校與師長為主的次級文化，抗拒體制內的規定，有自己的想法與行動。這些同儕文化，事實上都具有易受影響的特質，一旦有外力或內發的改變力量介入，這樣的次級文化就有可能改變、瓦解與轉型。

三、各具功能的文化

同儕團體文化中具不同目的與功能的結合。首先，對於團體的思想、理念和行為模式準則，作為自己效法的對象與依歸，這類型具有參照團體（reference group）功能。其次，所謂的閨密（close friends）團體，與自己的關係最密切，對自己的影響力最大的團體，有親密感與歸屬感，即所謂的基本團體（primary group）。另外，同儕團體可能因為某種利益或工作的結合，當其利益或工作結束時就會解散，例如：學生會、畢委會等，則屬於次級團體（secondary group）。

四、教育能影響其文化

教育可以關注社會中各種差異對同儕的影響，以協助同儕團體社會化；並且透過教育可以提供同儕團體的行為與價值的參照標準，進而增進同儕的學業成就；透過學校潛在課程的實施，潛移默化地影響其價值觀、行為、習慣與思想，最終，能促進同儕團體的社會流動性。

同儕團體文化在教育上的策略與方法

策略

接納
青少年
學生

了解與
掌握

具同理心

適時的
輔導

充分的
溝通

課程的
改進

方法

分組討論
或辯論

班級合作或競爭

價值澄清
活動

激發學生的
創造潛能

角色扮演

097

Unit 6-7
反智主義文化

美國學者理察‧霍夫施塔特（Richard Hofstadter）於1963年出版《美國的反智傳統》（Anti-intellectualism in American Life）一書，主要論點是提供讀者知曉美國社會中對於知識與智識的輕視，雖然美國擁有世界一流的大學，但整體的文化傳統與教育體系幾乎是反智的文化。美國青少年有不重視學業的反智傾向，這是因為以東方人的觀點視之，東方人的向智文化忽略了全人教育與通識教育；而美國的反智文化，青少年可習得活出自己與對自己負責的生涯觀，而不受限向智文化的約束。但過度反智，也會得到對於現況認識不清或視野偏頗，影響決策與判斷，當做出錯誤判斷又以偏頗的認知補強自己的錯誤，這也是美國長期反智文化的副作用。

一、反智不等同於壞學生

許多研究都指出青少年若不重視學業或行為偏差，就屬於反智文化的一群。但也有部分研究認為，從各國的青少年學習狀況來看，有可能因為地域、對象的不同而有差異，反而因為文化差異，研究顯示許多青少年沒有反智主義的傾向，積極追求向智文化，改善社會地位與生活。另外，許多青少年雖然認為智識很重要，卻預見自己已然命定的未來，在學校裡逃避學習、追求玩樂，這樣子反智的行為，其實是青少年對未來茫然的一種反應，並不能算是反智文化。

二、反智文化是一種態度

反智文化並非是一種理論，而是一種態度。這種態度會呈現於次文化之中，由於反智文化濫觴於對智識（intellect）本身的懷疑與仇視，認為以知識為主的智識對生涯發展並無助益；換言之，有種知易行難的意味，認為行動的實踐比起空說智識的白話重要得多，當然也誘發對於知識分子的輕蔑與無感。經過歷史的遞嬗之後，加上國家實施民主制度，也間接影響反智文化的氛圍，因為民主制度可以容許不同的批判，因此，也增長了反智文化的力道，但也出現了不講科學與專業，只講民粹的病徵。

三、反智文化不等於反理性主義

霍夫施塔特認為反智文化不等於反理性主義，反智的樣態是指對於知識分子的輕視，以及凡事以知識分子思維而行的仇視，尤其是智識菁英的行為與思維脫離民意與事實，或以專業形象而誤導成為錯誤的政策，引起人民甚至不同菁英的反對與嘲諷，演變為一般人民反對教育崇尚沒有實用性的象牙塔學問。而反理性主義是一種哲學的辯證，其哲學觀主張意志自由、選擇自由、否定道德規範的作用，相信絕對感覺和心理作用，與其相對應的是理性主義，因此與反智文化無關。

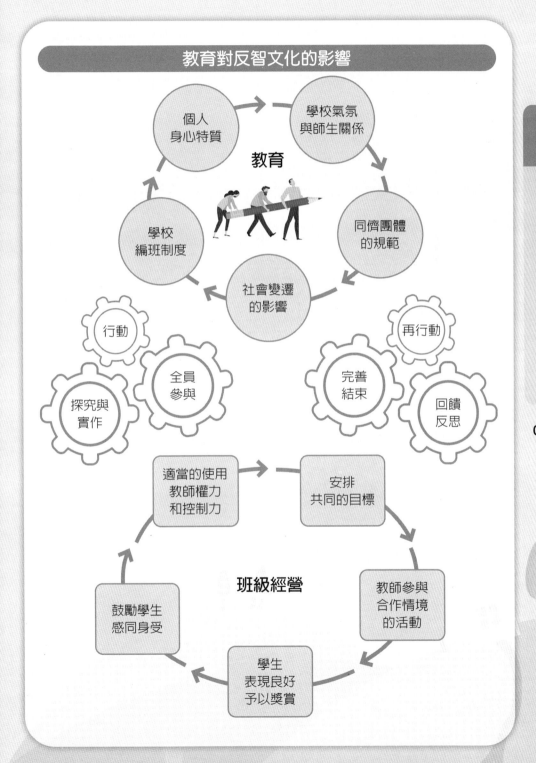

教育對反智文化的影響

個人
身心特質

學校氣氛
與師生關係

教育

學校
編班制度

同儕團體
的規範

社會變遷
的影響

行動

再行動

全員
參與

完善
結束

探究與
實作

回饋
反思

適當的使用
教師權力
和控制力

安排
共同的目標

班級經營

鼓勵學生
感同身受

教師參與
合作情境
的活動

學生
表現良好
予以獎賞

第 **7** 章

家庭、階級與教育

●●●●●●●●●●●●●●●●● 章節體系架構 ▼

Unit 7-1
家庭的功能與教育

家庭（family）是指由婚姻、血緣或收養而產生的親屬關係並且成為共同生活組織。依照各種不同面向可分為人類學定義、社會學定義、法律定義等等，其特性不外乎有夫妻、夫妻與子女、父母的權利與義務、經濟扶持或撫養責任、有共同的生計與財產。家庭的性質普遍來說，有分享喜怒哀樂的溝通方式、有自主規則與習慣的運作、有親情的關係、家庭有不同的氣氛、家庭與外界的關係，以及家庭的核心價值等。

一、經濟的功能

家庭是最小的經濟單位，不但是消費單位也是生產單位，家務維持、養育子女、休閒娛樂等等，都是消費的支出；反之，家裡經濟收入端賴家庭成員的支持與協力，除了父母親外出工作的雙薪家庭形式之外，臺灣50、60年代也盛行家庭代工，增補家中經濟的缺口。因此，家庭經濟是維繫家庭的命脈之一。

二、保護的功能

有人稱家庭是避風港或避難所，因為家庭具有保護的功能，回到家就像回到自己的窩一樣，具有安全感。當家中成員生病、受傷、失業、感情受挫或年邁的時候，家庭提供保護的功能。

三、娛樂的功能

家庭的娛樂牽動著家庭的氣氛，娛樂可分為外在娛樂與內在娛樂，外在娛樂有旅遊、聚餐、戶外活動等等；內在娛樂有家中的視聽娛樂、閱讀活動、棋藝活動等等，不一而足，不但是凝聚感情，也是家庭成員的彼此學習與互動。

四、宗教的功能

不一定每個家庭都具有宗教信仰，或者家庭成員的宗教信仰也不一定相同，有信仰的家庭有心靈支柱的支撐，或者信仰不一致的家庭，可能造成宗教觀念的衝突，但也有家庭採取包容與和諧並存，但正信的宗教功能對於家庭應具有正向的意義。

五、教育的功能

家庭最重要的功能之一就是教育與教養，教育孩子長大成人，明白事理與社會化；教養孩子知書達禮，能融入社會活動與服務眾人，教育也具由傳承的功能，家中成員的職業也會受到家中成員的影響，而產生世襲的現象，當然，家庭教育的成功能夠幫助社會減少犯罪的形成。

六、生育的功能

家庭是生兒育女的地方，具有傳承生命的價值。當然，目前的多元成家方式也被批評喪失此一家庭功能，雖然沒有「生」的功能，但「育」的功能更加重要。不但如此，家庭也具有情愛的功能，是愛情的愛與親情的愛的延續，而愛能使家庭更融洽、更幸福。

家庭的社會型態

小家庭 夫妻和其未婚子女組成的，又稱為核心家庭，為臺灣最主要的家庭型態。

大家庭 夫妻和具有血緣關係的親屬同住所組成的，又稱血緣家庭或聯合家庭，通常包含旁系血親在內。

折衷家庭 夫妻與父母及未婚子女組成，又稱三代家庭或主幹家庭，使家中老人及幼兒可以受到照顧。其種類可分，三代同堂：祖父母、父母與子女同住一起；三代同鄰：祖父母、父母與子女比鄰而居（例如：住在附近或同一棟）。

隔代家庭 祖父母或外祖父母與其孫子女同住所組成的，亦稱祖孫家庭，而此型態家庭日增。

單親家庭 父親（或母親）與其子女同住所組成，目前臺灣因離婚率提高，造成此型態家庭日增。

繼親家庭 單親家庭中的父親與母親再婚後所組成的家庭，再婚的對象可能是單親或單身未婚者（和重組家庭不同）。

獨居家庭 臺灣目前為高齡化社會，老年人增加，因子女工作無法照顧或被子女拋棄，而形成老人獨居家庭增加。

頂客族家庭 夫妻有雙薪而無小孩的家庭。（DINKs have double incomes and no kids）

寄養家庭 兒童及少年因家中遭逢重大變故或遭遺棄、身心被虐待而安置於他人的家庭中（例如：侵害或者災害）。

新住民家庭 本國國民與非本國國籍人士結婚所組成的家庭，目前快速增加。

雙薪家庭 指夫妻二人均有工作收入的家庭。

重組家庭 單親家庭中的父親與母親再婚後所組成的家庭，再婚的對象亦有小孩。

Unit 7-2
功能論的階級觀點

社會階級（social stratum）就結構功能論觀點是社會階層化（social stratification）的過程與結果，影響這些過程的因素不外乎有客觀的與主觀的層面，根據社會分工有權威、權力、財富、社會聲望、教育水準、居住地區、職業類別、職位高低、重要性與服務性等。若再更嚴謹來看，其實多數研究會採取「職業聲望量表」（prestige scales）或是「社經地位量表」（socioeconomic scales），作為社會階級的分類。

一、涂爾幹（E. Durkheim）的觀點

結構功能論源自涂爾幹（E. Durkheim）的功能主義，其所強調的是社會的統整，對於社會衝突與不平等的狀況較少著墨，取而代之的是以社會道德層面，在社會高度分工的狀況下，能維持機能運轉而有效運作。其次，結構功能論以社會由許許多多部分相連而成，每個部分與部分相連之後，會形成不同的功能，除了滿足社會需求之外，更能維持社會團結與和諧，故又稱為和諧理論。因此，社會產生所謂「有機連帶」與「機械連帶」，而維繫此種社會階級與制度，就是道德條規與信念的結晶。

二、帕森斯（T. Parsons）的觀點

承襲涂爾幹的道德條規，帕森斯將此深化為「規範」（norms），作為維繫社會穩定的基本因素。從此規範而發展出共享的道德價值，引導個體能朝著社會功能與需求的發展前進，並形成「規範式統整」（normative integration），透過教育機制將這些規範深植人心，透過外在行為的酬賞機制或懲罰機制，使得個體能被誘導為順從，成為功能化社會所用。社會階級係透過社會規範的共識（normative consensus）形成親屬關係（家庭地位）、個人特質（智力、外型、年齡、性別）、成就（技能、資格）、財富（資產、薪酬）、權威（能夠影響他人行為的魅力）、權力（能夠影響他人的能力）。

三、社會階級與結構功能論的關係

結構功能論於1940年後盛行於美國社會科學界。能夠解釋社會整體發展，是因為社會需要各種不同資格與技能的人，並擔任不同工作職位，因此，社會階層是社會分工的過程與結果。其中延伸出來的價值即所謂社會對於專業的認知，這些認知有兩種：其一，對社會愈重要，個體所處的社會階層愈高；其二，個體受長期訓練或技能培養者，其社會地位愈高。這也是社會對於專業與否的普遍認知之一。但是，結構功能論並無法說明社會階層之間的不平等，而將此種不平等轉為比例性，符合社會價值規範的比例愈高，即不平等現象愈低。當然，這也引發後來衝突論的批判與反思。

社會排序的因素結構圖

e1：家庭地位與輩分。
e2：智力、外型、年齡、性別。
e3：能夠影響他人行為的魅力。
e4：能夠影響他人的能力。
e5：技能、資格。
e6：資產、薪酬。

Unit 7-3
衝突論的階級觀點

衝突論始於馬克思（K. Marx），其認為社會變遷的因素是階級衝突，經濟或物質因素決定階級，因此也引發上層階級與下層階級的衝突，階級也決定個體在生產關係中的位置與經濟利益。另外，延伸馬克思思想的學者從另一觀點提出論點，認為權力與利益是社會稀有的資產，擁有者便能位居上層階級，成為統治或支配階級，因此，階級的形成主要原因就是權力和利益分配的結果。因此，上層階級或稱為既得利益者，會採行各種手段與合法化方式來鞏固其地位，因此，權力分配與決定的過程往往並不公平，無法反應個人才能或努力程度，因此，階級即是權力與利益爭奪的結果。

一、馬克思（K. Marx）的觀點

現代教育制度的功能之一即是將資本主義制度加以合法化，透過學校教育能消除階級衝突與對抗，學校教育能教導學生服從的觀念，以便出社會之後，統治階級或上層階級能夠順利運作，但是教育機會並不均等，上層階級總是獲得更多的成功機會。若學生在教育過程中抗拒正式課程，這類學生也只是向下流動，成為低階的勞工，因此，家世背景好的學生，會形成階級複製，進而保障上層階級學生維繫既得利益，而勞工、貧窮、少數族裔家庭則無法享有公平的教育發展機會。

二、韋伯（M. Weber）的觀點

韋伯對於階級是用「地位」（status）的概念，是屬於社會分層（stratification）的型態，有階級（class）：代表經濟秩序，地位：代表社會秩序，與政黨（party）：代表政治秩序等三個向度。而階級又可以區分以下四種社會階級：
1. 資產富有與教育良好的階級。
2. 專家、工程師、專技人員與中高階管理人員。
3. 小資本家（自營商、小商人）。
4. 勞動（工）階級。

以上的階級都有本身的地位團體（status group），並且具有高度的內在連帶（internal solidarity），內部成員都擁有密切互動與相似的生活風格，因此，對於其他團體也具有高度的排他性，而此種排他性會形成邊界（boundary），透過邊界鞏固自身利益與資源，增強優勢地位，並限制其他人進入該團體的限制與條件。因此，韋伯把階級、地位與政黨這三種面向形容為社會封閉（social closure），形成壟斷或獨占（monopolization），最終成為宰制（domination），最終目的限制外部人員分享社會與經濟資源的機會，因此，引起階級衝突。

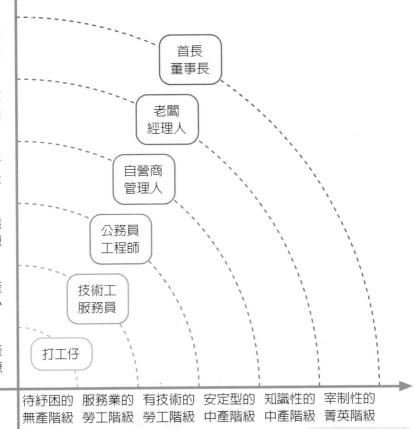

社會階級與經濟的關係

經濟資源

宰制者 分配者	首長 董事長
薪資高 資源豐	老闆 經理人
薪資好 資源佳	自營商 管理人
薪資穩 有資源	公務員 工程師
無資產 資源少	技術工 服務員
無資產 無資源	打工仔

待紓困的　服務業的　有技術的　安定型的　知識性的　宰制性的
無產階級　勞工階級　勞工階級　中產階級　中產階級　菁英階級

社會階級

Unit 7-4
布迪厄的文化資本論

皮耶·布迪厄（Pierre Bourdieu）是法國當代著名的社會學家，於2002年過世，主要論述圍繞階級品味理論與文化再製論，其著作《區隔：品味判斷的社會批判》（*Distinction: A Social Critique of the Judgment of Taste*）評定為二十世紀最重要的社會學著作之一；另兩部著作也深深影響文化資本論的產生，分別是《文化生產的場域》（*The Field of Cultural Production*）和《藝術的規則》（*The Rules of Art*）。在書中，其論述有關「文化資本」、「社會資本」和「符號資本」，與「慣習」、「場域」等概念，為後世有關文化的傳遞與再製，提供了相當重要的研究方向。

一、文化資本（cultural capital）

布迪厄有關資本的論述包含經濟、社會、象徵、文化等資本類型，主要承襲衝突論學者的觀點，認為資本是一種具有生產力的資源，係透過勞動而產生的資本。狹義的文化資本是指個體在社會化的過程當中，承繼家庭資源而來，不同的家庭擁有不同的文化資本類型。上層階級的家庭，其文化資本為博雅或菁英文化，具有所謂的品味；而中低下階層家庭，則不具有高層次文化資本或根本不存在文化資本，由於文化資本可以轉化為經濟資本，因此，可透過制度化的過程，記錄於教育的歷程之中，並具體呈現在個體生活、行為與態度之上。文化資本可分為三種類型：

（一）內蘊文化資本

係內蘊於個體的文化資本。例如：個人的教養、素養與品味等。

（二）具體文化資本

係藝術作品或科學作品等。例如：書畫、科學儀器等，這些文化作品透過商業行為轉移，形成個體象徵性的文化資本，亦彰顯個體的內蘊文化資本。

（三）制度文化資本

係個體所擁有制度上被認可的文化資本，例如：學歷、執照、名校等。在資本市場能夠以此文化資本被定義其經濟價值。

二、慣習（habitus）與場域（field）

布迪厄的「慣習」的作用可分為三個層面，首先，是營造品味、言語、穿著、儀表等生活風格的差異；其次，在促使個體適應客觀環境；再者，是鞏固文化優勢和社會再製的結果。「慣習」的形成與社會化單位（家庭、學校、美術館等）的耳濡目染、社會環境客觀條件的制約及個體歷史經驗的沉澱有關。

布迪厄認為人類活動的目的是各種不同資本的累積與占有，以維護其在不同「場域」中的地位。因此，場域是權力競爭的場所、是遊戲場、是市場等，彼此具有滲透的性質。場域如同經濟活動的市場體系，場域也是行動者的遊戲場，不同場域具有同類型對應的關係，並且場域之間具有相互滲透性。各種場域的文化資本的強弱也攸關經濟、社會、權力、象徵等資本的分配與控制，所形成的社會資本，以網路形式存在，彼此關聯，也彼此牽制。

學校美感教育的實踐

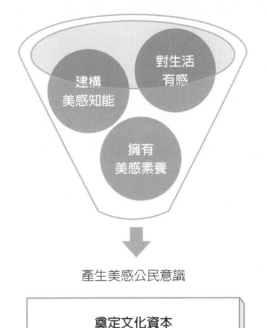

建構
美感知能

對生活
有感

擁有
美感素養

產生美感公民意識

奠定文化資本

工具意義

學習歷程
能做中學

應用美

形式美

美感構面
覺知、應
用、反思

探索美

公共環境

生活體驗
欣賞、體
會、感動

發現美

Unit 7-5
柯爾曼的社會資本論

　　美國社會學家詹姆斯・撒母耳・柯爾曼（James Samuel Coleman），求學期間師事美國社會學家莫頓（Robert K. Merton），其一生追求教育機會均等（equality of educational opportunity），於1966年與約翰・霍普金斯大學（Johns Hopkins University）的同事坎貝爾（Campbell）向美國國會發表《教育機會均等調查》（*Equality of Educational Opportunity Survey, EEOS*）報告書；其另一項著名研究是有關青少年次文化（adolescent subculture）的研究，對於後世社會資本的研究，貢獻卓著。

一、社會資本緣起

　　資本理論在60年代經濟學家舒爾茲（T. W. Schultz）提出人力資本理論（human capital theory），其後貝克爾（Gary S. Becker）認為人力資源的提升也會帶動經濟的發展，因此，不同形式的資本如雨後春筍發生。由於古典社會學的假設（assumption）分為兩種，其一是以涂爾幹（Durkheim）為首的整體學派（holistic school），另一種是以韋伯（Max Weber）為代表的個體學派（individualistic school），後者與古典個體經濟學理論一致，加上社會交換理論（social exchange theory）與理性選擇社會學（rational choice sociology），因此，以經濟分析為主的資源交換（resource transaction），成為社會資本的理論基礎來源。

二、社會資本論要義

　　柯爾曼歸納社會資本可能出現的形式，牽涉到不同社會實體（entities），這些實體能協助達成某些特定的行動。

(一) **具有義務、期待與信賴的結構（obligation, expectations, and trustworthiness of structure）**：例如：家庭、學校之間存在有信任，也彼此負有教育孩子與學生的義務，但此結構可能因不同社會結構而異。

(二) **資訊管道的獲得（information channels）**：能及時與有效獲得資訊，將攸關個體與組織的權益，獲得資訊往往也需要付出對應代價，是社會資本的一種形式。

(三) **具有規範與有效制裁（norms and effective sanctions）**：強勢的社會規範將使個體放棄自我利益而依循社會整體利益行動，因此將成為強有力的社會資本。

(四) **存在權威關係（authority relations）**：權威係指擁有控制他人的權力（power），能在特定的情境下，個體願意賦予領導者權威，用來解決共同問題的社會資本。

(五) **多功能的社會組織（appropriable social organizations）**：因某種特定目的而形成的組織，此組織在封閉系統內可產生影響力，並可運用與拓展於其他情境之中。

(六) **有宗旨的組織（intentional organizations）**：因有某種目的組織所產生的公共財，不僅創立者能獲益，其他的行動者也分享了此一社會資本。

社會資本與教育的關係

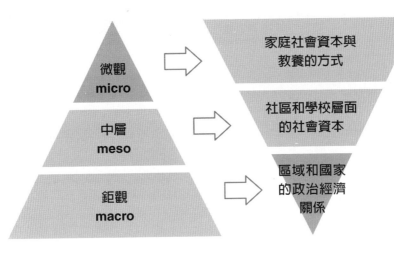

微觀 micro	➡	家庭社會資本與教養的方式
中層 meso	➡	社區和學校層面的社會資本
鉅觀 macro	➡	區域和國家的政治經濟關係

微觀層面	中層層面	鉅觀層面
·親子關係好的家庭，教育成就較高。 ·雙親社會資本，對孩子的教育成就有正面影響。 ·不同家庭型態、社會階級、族群的社會資本存在顯著差異。 ·地理上的遷居，會破壞原有社會網絡，對非傳統家庭與單親家庭的社會資本較為不利。	·社區和學校的社會資本對於個體成就有密切影響。 ·教師與教師之間的關係也會影響學生學業成就，而此種關係可能來自於家長的壓力所影響。 ·當社會資本較為不利的家庭群聚在一起，會擴大不利的效應。	·鉅觀層面社會資本與家庭的關係比較小。 ·鉅觀層面主要受到教育經費的多寡所影響，進而影響學校資源。 ·隨著家長的教育選擇權的擴展，形成新的社會資本型態，進而影響整體社會的社會資本。

Unit 7-6
社會流動與教育

社會流動（social mobility）是指社會位置的改變，主要發生在社會階層中，個體的地位從一個社會階層或社群轉移到另外一個社會階層或社群的現象。

由於社會階層化與社會流動關係密切，因此有社會階層化才有所謂社會流動產生，而流動的方向與速度與不同的社會階層型態有關，傳統上認為向上流動代表獲致成就，而向下流動代表貶職或失敗。根據流動的方向類型可分為垂直流動（vertical mobility）、水平流動（horizontal mobility）；又流動的時間類型可分為代間流動（intergenerational mobility）、代內流動（intragenerational mobility），以下分述說明之。

一、垂直流動（vertical mobility）

屬於上下流動的概念，亦即由一個階層轉換到另一個階層。垂直流動又可分為向上流動（upward mobility）與向下流動（downward mobility）兩種，例如：一位老師擔任學校組長、主任乃至於當上校長，這就是向上流動，係透過個人努力與經驗累積所得。但若不是經由個人努力而產生向上流動，則稱之為結構性流動（structural mobility），例如：義務役士兵從二兵、一兵、上兵、退伍的過程。向下流動的情況就如同學校主任回歸專任教師。

二、水平流動（horizontal mobility）

主要是指從一個社群轉換到另一種社群；簡而言之，可說是職業或角色的轉換，並非上下層次的問題，也非階層的改變。例如：學校的學務主任轉任教務主任。

三、代間流動（intergenerational mobility）

專指家庭親子兩代或者兩代以上家庭成員的社會階層不同，年輕一代社會階層高於長輩，稱為上升的代間流動；反之，稱之為下降的代間流動。例如：父母親為基層勞工，兒女因為受教育而獲致成就，擔任政府官員。影響代間流動的因素，除了教育之外，有可能受到社會職業結構的多元發展、生育率在階級間的差異所致、社會的移民政策與婚姻等，而改變個體的社會地位與階層。

四、代內流動（intragenerational mobility）

係指個體的生涯發展，所以又稱為生涯流動（career mobility），由於學校教育對於個體的第一份工作的影響較為明顯，對於後續生涯與工作的轉換而言，學校教育歷程就不是有顯著影響，取而代之的是工作經驗、職位與職業的型態等。因此，學校教育對於代內流動的影響屬於間接性質，而成人與繼續教育並無法明顯改變大部分個體的收入與生活福祉，僅僅是提供一種生涯轉換的可能性而已。

贊助性流動與競爭性流動

贊助性流動	競爭性流動

揀選安置於適當位置，達成人才的最佳利用。

避免過早的分化與判斷，避免任何公開的淘汰。

菁英團體控制選擇與訓練。

個體憑藉自己的才能與努力，獲得成就與地位。

個人因團體而獲得某種社會地位。

英國的教育制度

美國的教育制度

美國社會心理學家特諾（R. H. Turner）

Unit 7-7
家長與社區參與學校教育

根據2012年修正之《國民教育階段家長參與學校教育事務辦法》（簡稱：家參辦法）第3條揭櫫：「家長、家長會及家長團體，得依法參與教育事務，並與主管教育行政機關、學校及教師共同合作，促進學生適性發展。家長、家長會及家長團體參與教育事務，應以學生之最佳利益為目的，並應促進教育發展及專業成長。」

一、家長參與與投入

家長參與（parent participation）一詞涵蓋了「參與」和「投入」兩個層面，前項含有參與學校決策的權利，例如：參與家長會、課程發展委員會、特殊教育推行委員會、學生獎懲委員會等；而投入則是指支持學校的計畫及活動，例如：參與家長志工同體、親職教育活動、親師溝通與學生學習歷程等。根據《家參辦法》第4條，家長為維護子女之學習權益及協助其正常成長，家長負有下列責任：
1. 注重並維護子女之身心及人格發展。
2. 輔導及管教子女，發揮親職教育功能。
3. 配合學校教學活動，督導並協助子女學習。
4. 與教師及學校保持良好互動，增進親師合作。
5. 積極參與教育講習及活動。
6. 積極參與學校所設家長會。
7. 其他有關維護子女學習權益及親職教育之事項。

二、社區為學校的教育夥伴

學校與社區其實是互為顧客關係存在，社區是學校的外部顧客，透過學校與社區的溝通與尊重，透過有計畫性、持續性、雙向性、互惠性的策略，可使學校運作良好，並提升教育品質，學校在危機時能獲得社區支援，學校在承平時能與社區分享學校資源。因此，學校與社區的夥伴關係，可概分為下列項目：

（一）商業夥伴

學校的團膳、庶務工作與小額採購常與社區商業有結合關係，另外，部分科技業或企業欲善盡企業社會責任，也會與學校有合作相關的活動。

（二）教育上下游夥伴

例如：中等學校位處於教育階段的中游，上游可於國民小學有良好的互動，確保學生來源的穩定；下游為銜接大學院校，可以協助課程與活動與教育專業發展等。

（三）服務學習夥伴

例如：透過食農教育的推展，與社區農友或志工結合，提供學生有機會學習與了解社區的社會現況與問題。

（四）學校與服務機構夥伴

學校可尋求與各種社會服務機構合作，例如：醫院、科博館、圖書館、觀光工廠等，增加課程與生活結合的素材。

（五）其他夥伴

包含宗教團體、法人團體等合作，惟與宗教團體合作應注意《教育基本法》之規定，以免使學校陷入不同宗教信仰之間的糾葛。

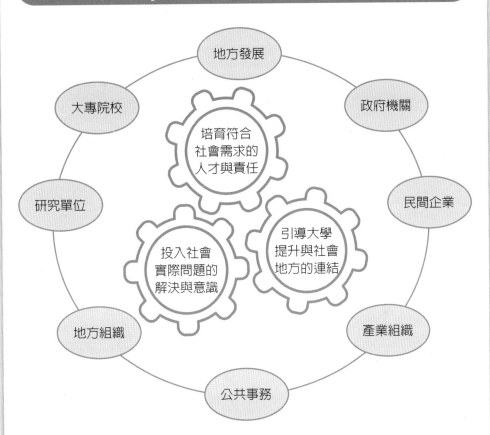

大學社會責任實踐
（University Social Responsibility, USR）計畫

地方發展

大專院校

政府機關

培育符合
社會需求的
人才與責任

研究單位

民間企業

投入社會
實際問題的
解決與意識

引導大學
提升與社會
地方的連結

地方組織

產業組織

公共事務

場域經營夥伴關係　　大學多元特色發展　　課程創新場域教學

跨校合作團隊形成　　學生全人教育與學習成效　　校務改革教學制度

資源連結外部合作　　教師教學創新與支持多元發展　　社會設計工具實務

第 **8** 章

教育機會均等的實踐

章節體系架構 ▼

Unit 8-1
教育機會均等理念

118

教育機會均等（equality of educational opportunity），從1870年英國提出的教育法案已有初步的概念產生，直到1950年教育機會均等議題，在美國除了提供免費基礎教育之外，增加了對於學生提供均等機會的綜合型態教育，到了1967年提倡積極差別待遇（positive discrimination）概念，擴大對於社經地位不利學生的補償教育。因此，美國社會學家柯爾曼（J. S. Coleman）於1966年提出教育機會均等計畫，涵蓋下列項目：第一，政府提供學生具有品質的免費基礎教育；其次，無論學生社經地位與出身背景爲何，均提供共同的課程；再者，政府應妥善規劃，使不同背景的學生都能進入相同學校就讀；最後，政府應提供同一地區學校均等的經濟支持。

一、臺灣1970年之前

根據《憲法》第159條：「國民受教育之機會，一律平等。」揭櫫了我國重視就學機會的平等與保障。並於《憲法》第160條敘明：「6歲至12歲之學齡兒童，一律受基本教育，免納學費。其貧苦者，由政府供給書籍。已逾學齡未受基本教育之國民，一律受補習教育，免納學費，其書籍亦由政府供給。」這個時期以每個國民都有接受共同基本教育的均等機會作爲標準。

二、臺灣1970至2000年

臺灣自1968年（民國57年）實施九年國民義務教育，是實踐社會公平正義的基本價值與具體行動，並協助學生能依其個人性向、興趣及能力選擇升學進路與科系，增強其學習的意願與效率，使其潛能獲得最大的發展。這個時期強調讓每個學生都有機會接受適性教育的發展，眞正落實教育機會均等的眞義。

三、臺灣2000年之後

《憲法》第163條：「國家應注重各地區教育之均衡發展，並推行社會教育，以提高一般國民之文化水準，邊遠及貧瘠地區之教育文化經費，由國庫補助之。其重要之教育文化事業，得由中央辦理或補助之。」這個時期積極推動「補償性教育」（compensatory education），使得教育機會均等由被動型態轉爲主動型態，政府積極推動教育優先區工作，希冀能縮短城鄉教育差距；提供多元學習環境，使學生潛能得到適性發展；並強化特殊教育，實踐零拒絕教育與融合教育理念；重視原住民族的人才培育，提升原鄉的教育品質；投入經費提供補救教學機會，帶好帶起每一位學生；落實並貫徹國中常態編班，促進教學正常化；擴充並補助幼兒教育，提高幼兒園的教育品質與教保合一政策，減輕年輕夫婦養育子女的重擔，期能減緩少子女化的現象等。

教育機會均等的效標

| 人力資源 | 物力資源 | 財力資源 | 空間資源 |

入學機會公平
- ▶ 任何人均接受相同年限的基本教育。
- ▶ 任何人均同享公平入學的機會。

水平公平
- ▶ 學生不因其出身背景而造成教育入學、過程與結果層面的差別待遇。
- ▶ 教育資源分配以相同的學生條件與學校資源投入作分析統計。

垂直公平
- ▶ 對於不同條件的學生,給予不同處遇的分析統計。
- ▶ 每位學生依照其不同特性或需求,提供不同教育資源。

財政中性
- ▶ 不同教育階段,每位學生不因其出身背景與社經地位而有差別待遇。
- ▶ 不同教育階段,每間學校不因其所處環境、地域、人脈而有差別待遇。

Unit 8-2
功績主義與教育機會均等

英國社會學家楊格（Michael Dunlop Young）於1958年著有《功績主義的興起》（*The Rise of the Meritocracy*）一書，楊格認為在當時社會中，透過教育歷程使得智力與才幹已成為社會的中心，取代了僵固的宰制階級和弱勢下層階級社會。此外，功績主義是一種政治哲學，其中政治影響力主要根據個人的智力、才能和成就來分配。因此，反對社會地位獲取係決定於出生與裙帶關係，主張社會地位的取得應基於智力、才幹的表現。1971年楊格出版《知識與控制：教育社會學的新方向》（*Knowledge and Control: New Direction for the Sociology of Education*）一書，關注教育內容的實質就是教育知識階層化的過程，其內容影響教育的選擇與分配過程，深深影響教育機會均等與實踐議題。

一、功績的特性

教育扮演了社會的偉大平衡器（great equalizer），因為教育透過學校實踐了教育機會均等的角色，使得學生都能透過公開、公平的機制獲得競爭的機會，不論是智力或技能，都存在功績主義的脈絡。其特性有：

1. 教育機會和資源競爭是一種普遍性的權利。
2. 以智力或技能作為社會階層化的指標。
3. 獲致不同社會地位者，擁有不同的酬賞。

二、功績主義的原則

功績主義者認為學校教育的篩選機制以個人的能力作為依據，讓學生在公平機會的競爭下，選擇與分配至社會各階層，因此，教育可以突破社會階級的壟斷，而消除了社會的不平等。衝突論者認為，學校透過篩選機制促進社會流動，只是以合法化的假象再製了社會階級間的不平等權力與支配關係，真正的決定因素是社會既存的不平等階級關係，而非個人的智力與才幹。其原則有：

(一) **競爭原則**：教育機會的分配決定於公平自由競爭的結果。
(二) **成就原則**：成就是個體能力的最佳表徵與指標。
(三) **菁英原則**：菁英個體將被挑選出來接受質量俱佳的教育。
(四) **量化原則**：透過測驗、評鑑等可量化的技術，分辨個體的能力與才幹。

三、功績主義下的教育機會均等

功績主義雖以公開、公平的競爭，以促進社會階級流動，但就如衝突論學者所言，功績主義只是宰制階級以合法化的手段掩飾並再製了社會階級的不平等，因此，造成升學主義與文憑至上。因此，應透過積極性的補償性教育，搭配多元與適性的篩選機制，較能有機會實踐教育機會均等的精神。

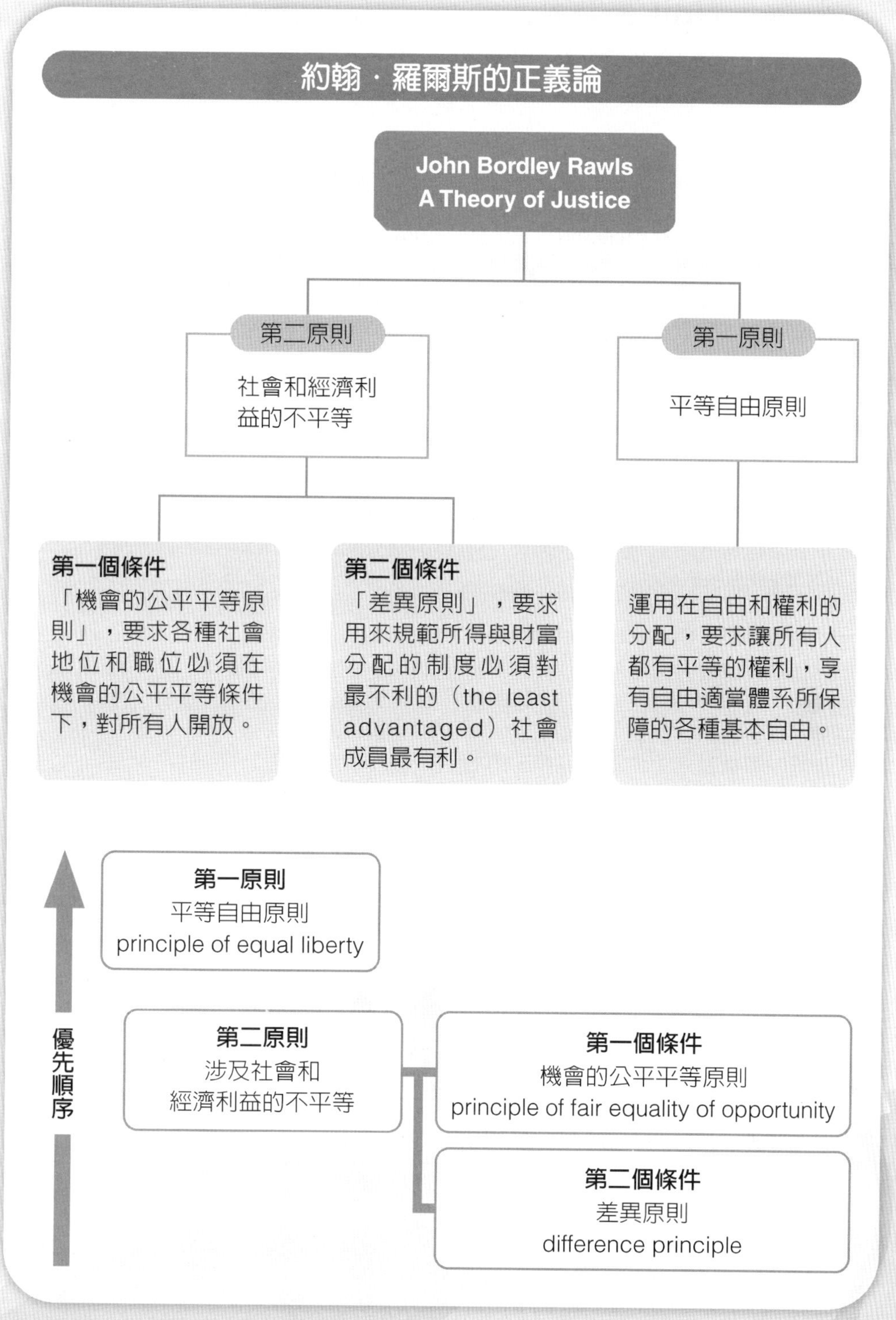

約翰・羅爾斯的正義論

**John Bordley Rawls
A Theory of Justice**

第二原則

社會和經濟利益的不平等

第一個條件

「機會的公平平等原則」，要求各種社會地位和職位必須在機會的公平平等條件下，對所有人開放。

第二個條件

「差異原則」，要求用來規範所得與財富分配的制度必須對最不利的（the least advantaged）社會成員最有利。

第一原則

平等自由原則

運用在自由和權利的分配，要求讓所有人都有平等的權利，享有自由適當體系所保障的各種基本自由。

優先順序

第一原則
平等自由原則
principle of equal liberty

第二原則
涉及社會和經濟利益的不平等

第一個條件
機會的公平平等原則
principle of fair equality of opportunity

第二個條件
差異原則
difference principle

Unit 8-3
學校教育不均等的因素

從學校評鑑的觀點來看學校教育不均等是有意義的切入點。美國評鑑學者史塔夫賓（Dan L. Stufflebeam）於1971年提出CIPP評鑑模式，主張「評鑑的目標在於改善（improve），而不是在證明（prove）」。由於不同學校所處的脈絡與內、外部環境不一樣，學生的組成有競爭上的優劣勢，學校經費與資源環境大相逕庭，課程與教學改進的方案與計畫快慢不一，教職員工人力資源不一而足，因此，不論師資結構、經費預算、課程與教學及社區營造等層面，再再都會影響學校教育不均等的現象產生，以下從CIPP評鑑模式說明之。

一、背景評鑑（Context Evaluation）

從學校背景因素審視學校教育不均等現象，除了學校願景與目標是否明確之外，還包含學校歷史、外部環境、內部設施、教職員工生的組成等等，由於上述因素，往往導致不同學校之間有背景的差異，造成起始點的不均等，但是仍有學校很積極面對背景因素，而反轉學校既有的問題與窠臼，厚植背景而展現競爭力。

二、輸入評鑑（Input Evaluation）

從學校輸入因素可以察覺學校教育不均等現象，除了學生來源的不同，導致學校課程與設備差異之外，還包含是否提供每一位學生擁有品質一致與良好的課程、教師的專業條件、各學科與領域的資源投入、學校經費預算在經常門與資本門的分配與運用等等，學校全體若能正視輸入條件的不均等，提出策略並改進，會有事半功倍的效果。

三、過程評鑑（Process Evaluation）

學校教育的過程中，應強調在資源（師資、設備、課程、教學與經費等）之合理使用，合乎需求與效能，並符合公平、公開的原則，積極改善因種族、性別與社經背景的差異因素，而產生在教育過程中不均等的情形，並避免過量與不符需要的補償性教育舉措。更重要的是要提供機會的均等，同一學校的學生不應當有差別的機會，例如：A段班只拚升學而沒有職業試探課程，而B段班同學勞動服務變多，而不補強落後的學科，進而加劇階級產生，應一視同仁地給予教學正常化的學習機會，才符合公平正義精神。

四、成果評鑑（Product Evaluation）

多數學校教育的結果在強調學生於完成某一階段的教育之後，在「學業成就」或「受更高一層階段教育的機會」與「社會地位的獲得」等三方面要均等。然而，此指標意涵過度強調結果的平等，不論多元能力或適性程度，學校都要求每個學生能達到相同的教育成就，就屬於齊頭式的假平等，並不符合社會正義，因此，應以學生適性學習與適性發展為學校教育均等指標為宜。

122

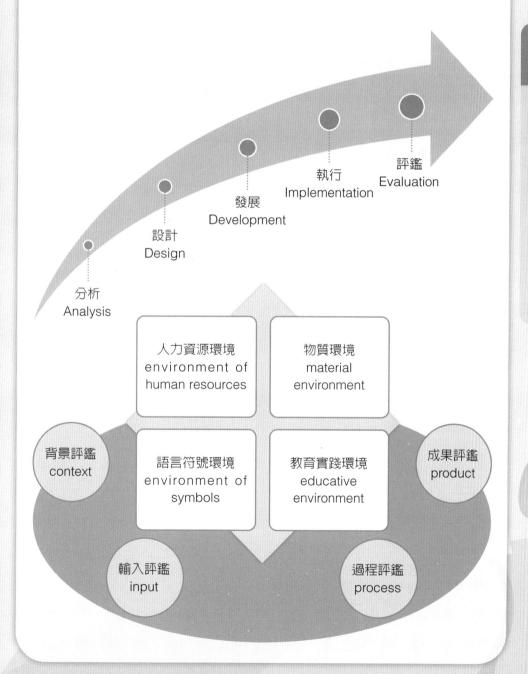

學校均等課程的實踐

分析
Analysis

設計
Design

發展
Development

執行
Implementation

評鑑
Evaluation

人力資源環境
environment of
human resources

物質環境
material
environment

語言符號環境
environment of
symbols

教育實踐環境
educative
environment

背景評鑑
context

成果評鑑
product

輸入評鑑
input

過程評鑑
process

Unit 8-4
族群教育不均等的因素

1951年美國堪薩斯州的托彼卡市（Topeka, Shawnee County, Kansas）非裔人士布朗（Oliver Brown）爭取女兒進入當地白人的小學而遭到拒絕，因而循法律程序提起訴訟，認為種族隔離政策違反美國《聯邦憲法》第14條修正案的平等保護原則，經過美國聯邦最高法院判決，於1954年通令全美各公立學校及系統應廢除種族隔離政策，史稱「布朗訴托彼卡教育局案」（Oliver Brown et al. v. Board of Education of Topeka et al.），這是典型的追求族群教育平等的開端。

臺灣根據《原住民族教育法》第2條：「略以……各級政府應採積極扶助之措施，確保原住民接受各級各類教育之機會均等，並建立符合原住民族需求之教育體系。」並以多元文化教育的方式，讓所有學生，不論種族、新住民、性別、社會階級與不同文化背景等，都能夠擁有相同的學習機會。根據歷年研究關於族群教育不均等的因素，可分為三種向度。

一、遺傳基因

由生物決定論探討不同族群教育成就差異，強調不同種族的遺傳因子，以白人具有生物特徵上的顯著優勢，由於白人與中產階級以上族群長期握有優勢資源，並透過合法化的方式建立教育系統，主導分類教育系統，使其優勢地位持續維持，而有色人種乃至於黑人族群、原住民族、弱勢族群長期受到剝削與壓制，導致族群教育的不均等。雖然遺傳基因的論點已不再為現代民主平等社會所接受，但是潛存於社區環境中的歧視與不均等，仍然揮之不去。

二、文化差異

從功績主義論探討不同族群教育成就之差異，由於透過公平競爭與努力可獲致良好的成就，可以削弱不同族群間的成就壁壘，若是少數族群的文化內涵與價值系統有利於學生學習獲致成就，則在整體教育系統會獲得高度重視，但主流文化系統仍然占有絕大部分的優勢之下，導致顯著的文化差異性而產生教育不均等，因此，稱為文化決定論。

三、文化模式

從衝突理論探討不同族群教育成就之差異，所謂族群連帶（ethnic solidarity）是指「族群邊界」與「社會結構性區別」結合時，若一致性愈高，就會愈強烈。此種現象則導致少數族群被壓迫與剝削的情況更趨嚴重。因此，為抗拒不均等及帶有歧視的社會現象，少數族群會發起抗拒的行動，積極面則透過法律與民意，爭取自身的利益；反之，則採取負面與消極的行動模式，例如：中輟、拒學、低成就表現與犯罪等呈現，造成整體社會的歧視加劇。

族群教育不均等的因素可以透過就學機會的增加、課程教學品質的提升、師資來源的在地化與師生關係的融合來改變，落實《原住民族教育法》的實踐，加強多元文化教育在教育體系中的發揮，從尊重開始，進而改變觀念與態度，才是消弭不均等的根本。

多元文化教育的實踐

理念	課程模式	教學實踐
內容整合	補救模式	創造文化尊重的教室學習氣氛
知識建構歷程	消除偏見模式	良好的師生互動
減少偏見	人際關係模式	小型演講
平等教學論	非正式課程模式	合作學習
增能的學校文化	非正式課程附加模式	戲劇模擬或角色扮演
	融合模式	內容整合
	統整模式	討論式教學法
	社會行動模式	提問策略
	整體改革模式	

Unit **8-5**
性別教育不均等的因素

性別是社會階層的一種形式，社會階層原本存在不均等的現象，源自於社會分化的過程，而不均等現象是個體與團體的區別評估，此種評估來自於差異的感覺。其一，性別角色（sex role）指的是性別（sex）與性向（gender）的不同；其二，性別認同（sex identity）指的是個體對於自我所歸屬性別的認知，可不受生理性別的影響；其三，性別社會化（gender socialization）係指性別的社會期望在個體被教導與學習的過程，進而延伸至社會規範與日常生活層面；其四，性別角色刻板印象（sex-role stereotype）係指概括化的特徵，產生工具性角色與情感性角色，例如：男主外女主內屬於工具性角色，而剛毅堅強、溫柔婉約是屬於情感性角色。上述四種情況在教育上即會產生不均等的現象，以下分述之。

一、性歧視的價值觀

由於社會與宗教影響人類社會，產生所謂父權主義社會，以男性為中心的社會基礎，長期以來忽略女性在社會上所扮演的角色與地位。以華人社會而言，婦女過世之後在族譜記載只會記錄姓氏而非全名，在生育時，如果生女則稱弄瓦之喜，生男則稱弄璋之喜，重男輕女的現象潛存在社會價值中。西方社會以聖經為例，夏娃乃是神從亞當肋骨所造；伊斯蘭教認為阿拉授予男人比女人更多智慧與才能等，皆具有不均等的價值觀。

二、被剝削的教育權

女性教育權的剝削（education deprivation），由於早期女性擔負主要家事工作、童工、早婚或低教育期望等，尤其在鄉村地區女性入學率更低。課程方面主要都以男性經驗為主，使得女性多數接觸的課程皆以文學、文書、家事、事務性的課程為主。在教科書方面也曾經呈現父親看報喝茶、母親洗衣掃地等刻板印象的課文。學校環境方面，女性廁所數量遠不及於男性廁所的數量，女性常常都需要排隊才能上廁所。直至二十世紀下半葉，女權運動興起，才較重視女性教育權相關的議題。

三、性別教育的脆弱

現今社會「性別」不再是單指男性與女性，而有對於第三性別（third gender）的認知；另外，在性別取向上有同性戀者（homosexual）或稱為同志的認知，男性為男同志（gay），女性為女同志（lesbian）。臺灣立法院在2019年5月17日三讀通過《司法院釋字第748號解釋施行法》第4條條文，明訂「同志伴侶可向戶政機關辦理結婚登記」，使得臺灣成為亞洲第一個同婚合法國家。但整體性別教育仍然非常脆弱，主要在於社會仍未達成多數共識，甚至是公民投票的結果，與同婚專法的立法是背道而馳。因此，性別教育從刻板、隱晦、禁忌，要走向均等與公開，透過教育機會均等，會是一條溫和的道路。

性別的社會學理論觀點

	結構功能論	衝突論	詮釋論
性別規範	性別規範對於社會有穩定與分工的功能。	性別規範導致女性無法參與社會主流而導致衝突。	性別規範來自於社會互動與價值的建構所產生。
性別認同	家庭是性別認同的起始點,不同的性別認同會造成社會錯亂。	強制異性戀的認同,造成同性戀者的被壓迫而產生社會衝突。	性別認同是多元呈現,並非是異性者之外,就是同性戀。
性別社會化	具調節性的社會規範能維持傳統與社會變遷,但大幅度的改變,容易帶來社會紊亂。	社會變遷來自於挑戰性別主流價值與信念的社會運動。	社會變遷產生不同符號與表徵的性別社會化過程,形成認知的改變。

Unit 8-6
補償性教育政策

圖解當代教育社會學

補償性教育政策先從補償性正義談起，補償性正義則從古希臘哲學家亞里斯多德（Aristotle）所著的《倫理學》第五卷談起，其中對於「正義」（justice）有深入的剖析，其認爲所謂正義就是「從事不公正的行爲」與「受到不公正的待遇」之間的適中。因此，提出有「平均的正義」、「分配的正義」與「法的正義」又稱爲一般性正義。人生而平等並無地位間的差別而有平均的正義，但由於社會崇尚功績主義的給予與分配，產生了分配正義的問題，透過法的正義，運用政策的推動，使得弱勢的人能獲得補償性的回饋並盡其義務。

128

一、分配性正義的模式

（一）平等主義的模式（equalitarian mode）

人生而平等而無人格與地位的分別，因此，所有人都應當受到平等的分配與獲得資源的機會均等。

（二）功績主義的模式（meritarian mode）

人應當透過智能與才幹而獲得不同的報酬與利益，因此，努力付出的人應當獲得更多的資源分配。

（三）仁慈的模式（benevolent mode）

整體社會應當對於眞正弱勢與需要幫助的人給予額外的分配，不論這些人是先天的弱勢或者社會系統所造成的弱勢，依照不同差異程度給予「補償性正義」的對待。

二、早期的補償性教育計畫

近代有關「補償性教育計畫」由1960年代的美國所興起，部分學生由於家庭或社會條件的缺陷或剝奪，使得學習落於不利的地步，因此，希望透過計畫性的補助，可以縮小文化不利的學生與其他學生的學業成就上的差距，也是實踐教育機會均等的精神。但是由於該計畫通常是片段、短期而無延續性，在整體學校環境中，往往由於功績主義思維而被忽略或省略，因此，成效並未如預期，少數成功的案例是源自於教師的堅持與支持才獲致成效。

三、補償性教育政策的精進

美國早期補償性教育計畫以幼兒或學齡前兒童爲主，給予矯正、充實或治療等，大部分的計畫是實驗性或外加的，因此，近年來美國推動所謂的充實方案（enrichment program），以重視語言、數學、科學、閱讀技巧等方面的補救課程爲主，融入在基本教育課中。在英國則採取教育優先區方案（Educational Priority Area, EPAs），將弱勢學生、學校與師資較差的地區劃爲教育優先區，優先給予並寬列教育經費，鼓勵優秀教師能到該地區與學校服務，使得學生能愈早獲得補償性教育，提升學生的語言學習、閱讀能力、數學學習、自我觀念和學習態度，落實教育機會均等的理念與精神，實踐社會正義。

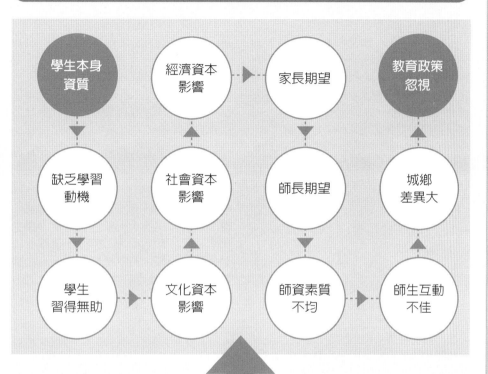

補救教學的原因與原則

學生本身資質 → 缺乏學習動機 → 學生習得無助

經濟資本影響 → 家長期望

社會資本影響

文化資本影響

師長期望

師資素質不均

教育政策忽視 → 城鄉差異大 → 師生互動不佳

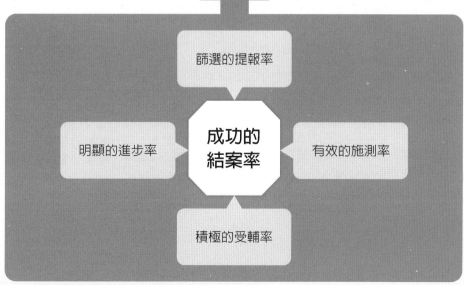

成功的結案率

篩選的提報率

明顯的進步率

有效的施測率

積極的受輔率

Unit **8-7**
教育優先區方案

1963年英國教育部長愛德華・博伊爾爵士（Sir Edward Boyle）關切有關初等教育及初等與中等教育銜接等問題，並委託英格蘭中央教育諮詢委員會進行研究，並於1967年公布《兒童及其初等學校》（*Children and Their Primary Schools*）報告，由於該委員會由布里奇特・普勞頓女士（Bridget, Lady Plowden）主持，其後通稱為《普勞頓報告書》（*The Plowden Report*）。

一、《普勞頓報告書》（*The Plowden Report*）

1. 鼓勵家長關心及參與子女的教育。
2. 改善與學校相關的健康及社會服務工作。
3. 減少班級人數。
4. 改進師資培訓及待遇問題。
5. 鼓勵教師採用兒童中心的教學方法。
6. 擴充幼兒教育，增設幼兒學校。
7. 設置「教育優先區」（Educational Priority Areas, EPAs）。

其中第七項以「教育優先區」的設置是個創新的理念，也是為追求教育機會均等理想實踐而有的「積極性差別待遇」（positive discrimination）的策略。

二、臺灣實施教育優先區計畫

臺灣教育部於1994年（民國83年）補助臺灣省教育廳試辦「教育優先區計畫」經費新臺幣8億元，有鑑於辦理績效良好，自1996年起，擴大辦理本計畫迄今，以致力照顧學習弱勢族群學生，致力追求卓越、公平及正義之教育為目標，希冀達成教育機會均等與社會公平正義的教育願景。

（一）教育優先區計畫之指標，計有以下五項

1. 原住民學生比率偏高之學校；2. 低收入戶、隔代教養、單（寄）親家庭、親子年齡差距過大、新住民子女之學生比率偏高之學校；3. 國中學習弱勢學生比率偏高之學校；4. 中途輟學率偏高之學校；5. 離島或偏遠交通不便之學校。

（二）教育優先區計畫之補助項目，計有以下六項

1. 推展親職教育活動；2. 補助學校發展教育特色；3. 充實學校基本教學設備；4. 發展原住民教育文化特色及充實設備器材；5. 補助交通不便地區學校交通車；6. 整修學校社區化活動場所。

臺灣教育優先區的特色是積極充實文化不利地區之教育內涵與水準。其次，積極整合教育優先區的多元化資源。其三，提供積極差別待遇之教育支援策略。其四，提升相對弱勢學生之基本學習能力。最終，逐年精進教育優先區計畫實施策略。

臺灣教育優先區精神

德

智

美

原住民族群

新住民子女

低收入戶

隔代教養與
親子年齡過大

單（寄）親家庭

體

群

波斯菊：代表理智，對於知識有旺盛好奇心，一生都孜孜不倦的學習。

第 **9** 章

學校文化與組織變革

 章節體系架構 ▼

Unit 9-1
學校組織文化

134

麻省理工學院的史隆管理學院（Sloan School of Management, MIT）前教授埃德加・亨利・許恩（Edgar Henry Schein）將組織文化分為三個層次，其一，人工製品（artifacts）是所謂的外顯的文化產品，能夠被看見、聽見、接觸，但是卻不一定能理解其文化；其次，信仰與價值（espoused values）是組織顯性的信仰與價值，產生組織的願景、目標與策略；再者，基本隱性假設與價值（basic assumptions and values）是深植人心的組織文化、核心、價值、規範與信仰，是一種無意識的層次卻隱性地存在於人際關係與活動之中。

學校組織文化以教育為目標，不以營利為目的，這是學校的外顯文化表徵；其次，學校不是企業組織講求利潤與經營績效，因此，學校的願景、目標與策略不易評量；再者，教育是十年樹木，百年樹人的文化與知識傳承，因此具有導進社會進步、培育人才、穩定社會秩序與促進社會發展的功能，其組織文化是一種複雜的、動態的、持續不斷的歷程，而非只是簡單的靜態結構。

一、結構功能論的觀點

學校組織文化的功能在於社會化，學校組織為一個有機體，有不同的部門，例如：教務處、學務處、輔導處、總務處、圖書館、實習處、人事室、會計室及新設備室等，這些部門形成結構，有各自的內部文化與管理方式，雖然文化多元，但是組成的結構是均衡與穩定，以便協助學生的學習發展與社會化，並妥善處理家長與社區關係，與上層教育主觀機關的政策等。

二、衝突理論的觀點

衝突論認為學校組織文化是再製社會地位的機器與工具，透過學校課程的設計與教學，遂行統治階級或資本階級的文化，這些文化包含學生的生活教育教導順從與規範，教授知識與技能以培育資本主義社會所需人才，因此有所謂主科、副科的分野。學校的組織文化崇尚管理層面，因此容易產生師生對立、教師次級團體與行政管理層級的對抗、教師與家長團體的理念不和等等的文化，因此，學校不但是再製社會衝突，也是社會衝突的戰場。

三、詮釋學派的觀點

從微觀的層面觀察學校組織文化，以戲劇、遊戲來解讀學校的人際關係與活動，並認為文化有脈絡不可以被分割來探討，並講求主體、客體、互動、當下情境與關係網絡等，因此，組織文化必須由上述觀點來解讀與探究。學校內不論是組織的規範或者是學生生活的常規，都是一套一套的劇本，台上照著劇本演出，而教職員工私底下有自己一套劇本；學生上課與進行正規活動時，照著劇本演出，而下課時，學生同儕之間有屬於自己的一套劇本，而這些劇本正是組織文化脈絡與內涵之所在。

芬克和斯托爾（Fink and Stoll）的學校文化分類

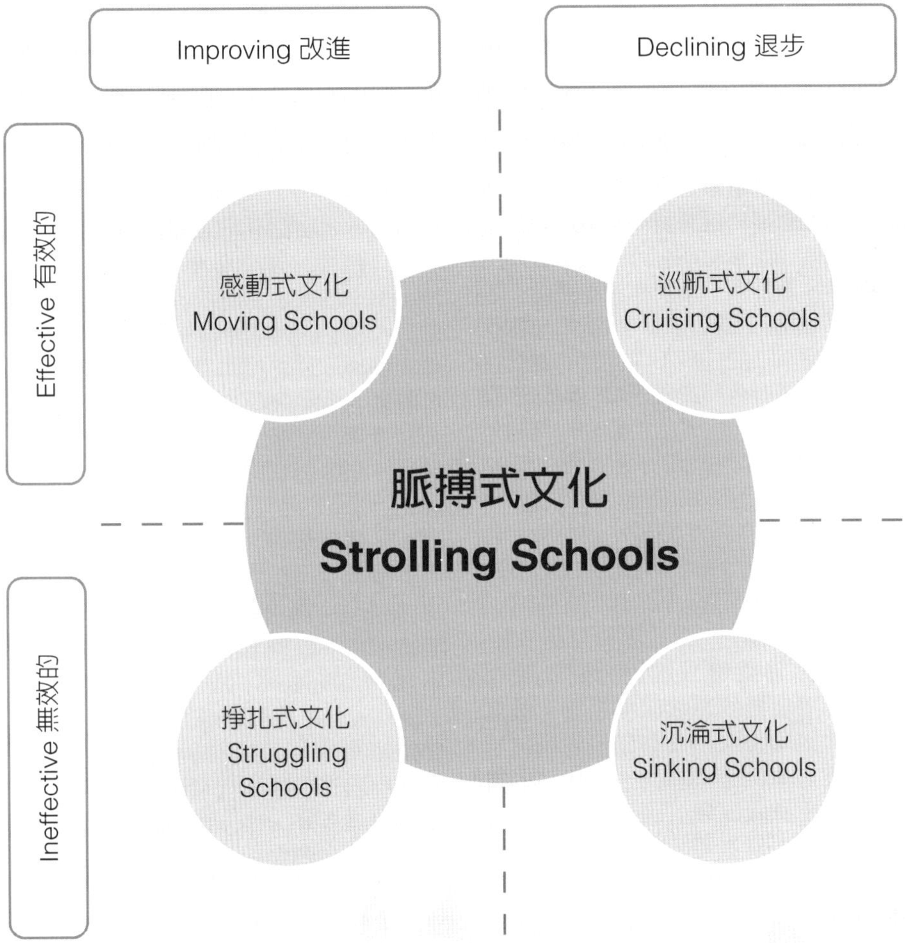

Improving 改進

Declining 退步

Effective 有效的

感動式文化
Moving Schools

巡航式文化
Cruising Schools

脈搏式文化
Strolling Schools

Ineffective 無效的

掙扎式文化
Struggling
Schools

沉淪式文化
Sinking Schools

Unit 9-2
學校組織結構

　　法國社會學家涂爾幹（E. Durkheim）提出結構功能論的社會學觀點，認為社會（組織）是一個均衡、秩序、整合的系統，透過各個子系統的運作，使得社會（組織）獲得協調性發展，並將社會（組織）比擬成為有機體的連結，透過道德串聯其中。學校的組織可分為內部、外部組織等，內部組織為科層體制結構以高級中等學校為例，內部組織：行政組織可分為校長祕書、教務處、學務處、總務處、輔導處、圖書館、實習處、研發處、會計室、人事室等，並分設不同性質的委員會議；教學組織有各科或各領域；附隨組織有教師會（工會）、員生消費合作社等。而外部組織：協力組織有家長會、校友會、文教基金會等。組織設立的目標即是為學校辦學及學生學習為主，並具穩定社會之功能。

一、結構靜態觀

　　學校組織結構及權責分配，包含了行政科層與教師專業兩種系統，彼此呈現緊密銜接，但卻具有鬆散的系統特性，主因是學生個別差異大、學習動機不一、教學種類繁雜且漫長，因此，學校組織目標不易具體化及明確化，甚至難以有效地評鑑的現象。社會學家韋伯（M. Weber）認為學校組織由於價值合理化，造成制度合理化，形成官僚科層制度，使得學校成員產生疏離感；馬克思（Karl Marx）認為學校成員已被物化為商品，而成為異化的人缺乏自主性，將成為優勢階層所操弄的工具，因而人們產生疏離感。

二、結構動態觀

　　學校組織結構是由行政、教學、學生、活動等組成，彼此交互作用和互相影響。帕森斯（T. Parsons）提到學校行動系統（AGIL）包括四種功能子系統，係適應（Adaptation）：指學校與環境產生關係，並從外部獲取資源的過程。目標達成（Goal-attainment）：學校必須決定目標次序和調整學校能量以實現目標。整合（Integration）：學校需協調各部分，使各處室維持一定的和諧關係。模式維持（Latency）：校長需使各處室具有動力和動機，依共識的規範和秩序參與學校的動態過程，以維護學校結構模式的存在。

三、結構生態觀

　　學校組織結構從生態系統理論（ecological systems theory）的觀點來觀察，可分為微系統（microsystem）、中系統（mesosystem）、外系統（exosystem）、宏系統（macrosystem）與時間系統（chronosystem）。這五大系統說明每個層次皆會影響學生學習，小至親職互動、中至學校教學活動、大至國家教育體制，並且學生在正規教育學習階段短則12年，長則20年，甚至更長。因此，生態系統觀對於學生學習落差與政策施為的教育問題，更能有合宜的觀點與解釋。

學校的學習型組織

自我超越
（**Personal Mastery**）

系統思考
（**Systems Thinking**）

改善心智模式
（**Improving Mental
Models**）

團隊學習
（**Team Learning**）

建立共同願景
（**Building Shared
Vision**）

今日的問題來
自昨日的解答

因果在時空上並
不緊密相連

尋找小而有效
的高槓桿解

正視問題
的整體性

愈用力推，反
彈力量愈大

Management
管理

Administration
行政

顯而易見的
解往往無效

欲速則
不達

魚與熊掌可以兼得

漸壞之前
先漸好

沒有絕對
的內外

對策可能比問題
更糟

Unit 9-3
學校組織運作

　　學校組織運作（operation of school organization）與科層化、專業化與領導有密切相關。學校科層體制（bureaucracy）源自於社會學家韋伯（Max Weber）的理論，透過法理權威的運作，追求組織的效率與合理性。因此，學校為達成教育目標透過組織結構的安排，包含職位（position）、單位（unit）、階層（hierarchy）、任務（task）、權威（authority）及責任（responsibility），進行各項行政管理與教學活動，並因應突發事件的應變與管理，而產生各樣的運作型態。

一、韋伯型（Weberian Type）運作

　　屬高科層、高專業的組織運作型態，大部分高級中等以上學校都屬於這種型態為主，因此又稱為統合型學校組織模式，講求各處室專職分工及標準化作業程序，尊重學校教職同仁之專業知識與技能，也能充分參與學校決策機制，使得學生學習獲得最佳成效，教職同仁能獲得穩定的工作條件與環境，達成教育願景與目標。

二、權威型（Authoritarian Type）運作

　　屬高科層、低專業的組織運作型態，這類型學校主要以校長為領導取向，積極維護各處室的科層體制，並且有權力集中的體制型態，依法行政，不徇情面，遵從上級法令與函示，並以校長裁示為主，處室主任握有行政管理的主導權，教師甚少有參與決策或有機會參與決策而不提供建議的情況，使得教師專業難以發揮，教學專業自主受到戕害，學生的相關權益較難獲得伸張或保障。

三、專業型（Professional Type）運作

　　屬低科層、高專業的組織運作型態，這類型學校較常見於實驗型高級中等學校或依公立國民小學及國民中學委託私人辦理條例設立之學校等，教師具有較多的專業自主權，在決策過程中能產生較大的權力，並為自己專業決定負責；而科層化的行政管理則屬於協助的角色，削弱威權階層概念，非正式組織與正式組織的溝通能暢通與和諧。惟教學績效應由教師負責，教師所擔負的工作與責任較為加重。

四、混亂型（Chaotic Type）運作

　　屬低科層、低專業的組織運作型態，學校面臨職位缺人或冗員，行政管理隨個人喜好而有所不同管理方式，規章細則雜亂無章或付之闕如；教師的專業不受重視，教師參與行政管理與決策機會鮮少，甚至逃避行政工作，因此，產生鬆散紊亂的組織運作，經常出現行政與教師間的衝突與亟需溝通之事件，召開各項會議經常議而不決或決而不行等窘狀。因此，學生受教權益無法受到保障，教育品質日漸低下。

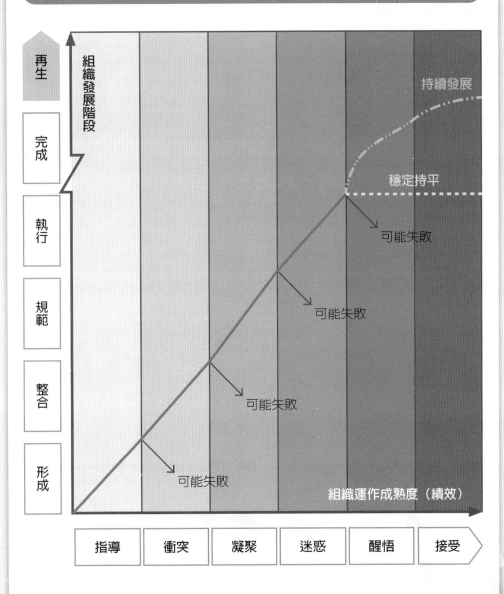

學校組織運作與發展之成熟度

再生

組織發展階段

完成

執行

規範

整合

形成

持續發展

穩定持平

可能失敗

可能失敗

可能失敗

可能失敗

組織運作成熟度（績效）

指導　衝突　凝聚　迷惑　醒悟　接受

Unit 9-4
學校文化革新

　　學校文化的重整與改變是學校革新工作的第一步。學校的外部環境受到資訊與科技（Information and Communication Technology, ICT）的發展快速，因此，改變組織運作方式、人際關係與溝通模式，產生新的教學模式，並促進教學環境的變革。而內部環境的舊思維與傳統科層制度，當面對社會環境變遷快速，已無法滿足與應變。學校文化的革新若僅僅著重於問題的改善，僅能治標不治本，若不能有宏觀的系統思維，改變學校文化本質，將使得學校落入一級變革（first-order changes）的狀況，換湯不換藥，只能增進現況的效能。因此，建構開放、自主、人性的行政與教學環境，提供師生互動的良好空間，是推動學校文化革新的重要條件。

一、技術系統（Technological System）

　　係指學校內部的行政與管理方式與效率。面對資通科技（ICT）時代的浪潮，回應快速變遷的社會環境，應以系統觀思維整體學校發展，強調授權增能的管理模式，講求團隊合作的行政與教學關係，避免單兵作戰模式。重視學校成員異質性的組成與多元化的環境，以e化作業取代傳統紙本作業，增進行政效率，避免行政工作重複性現象，增進兼職行政教師對於教育的熱忱。規劃與實踐科技管理模式進行校務運作，使得師生能夠運用科技教學、科技學習、科技互動，激發更多創意思維，引領教學創新。

二、政治系統（Political System）

　　係指學校內部的權力關係與衝突現象。學校革新是一種典範的轉變（paradigm shift），從中央集權式的權力控制，走向協力領導式的權力分享，從封閉系統走向開放系統，從教師專業規準走向教師專業自主等。以友善校園的精神，重視校園民主化發展，以學生為教育主體，賦予教師更多彈性自主的空間。重視教師會、學生自治會所提出的建議，建立互信、互諒、尊重的行政環境，取代以行政倫理規範為主的校園政治氛圍。

三、文化系統（Cultural System）

　　係指學校成員面對變革的價值觀與態度。學校文化系統有三個層面，第一層為外顯之表徵，例如：建築環境、工具使用、語言類型等；第二層為價值觀念與信念；第三層為文化基本假設，此兩層面為隱而未現，卻潛移默化影響組織成員思想與行為，並凝聚整體學校文化氛圍。因此，校園文化系統的革新應以效能（effectiveness）為策略，透過動機激勵（motivation & exhortation），結合革新的能量資源（capacity & resources）為方法，達成助人、助校與績效責任的目標（assistance & accountability）。整體文化系統革新的核心在於領導（leadership）、溝通（communication）、分享（share）與關懷（care）的實踐，方能對於文化系統能有本質性的改變。

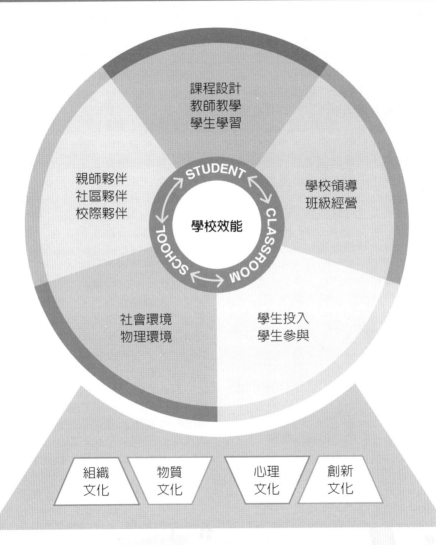

學校效能（Effectiveness of School）

課程設計
教師教學
學生學習

親師夥伴
社區夥伴
校際夥伴

STUDENT

學校效能

CLASSROOM

SCHOOL

學校領導
班級經營

社會環境
物理環境

學生投入
學生參與

組織
文化

物質
文化

心理
文化

創新
文化

學校的歷史文化、學校的領導與政策運用、教師的專業素質與敬業精神、學生的特性與素質、教師的教學方法與師生關係、教師評量與輔導措施、學校的資源與使用

Unit 9-5
學校組織與利益團體

142

社會學家顧里（Charles Cooley）定義初級團體（primary group）是面對面互動形式，具有我們（we-ness）的感覺，有全面性人格的影響，發生在相當小的團體中。前者擴張後產生所謂社會團體（social group），其由兩個人以上所構成，具有社會互動的事實，並具有持續性與穩定性，成員之間有共同的規範、目標與價值，以認同感與歸屬感爲其特色。

由於民主社會的發展，政治社會產生所謂壓力團體（pressure group），這類團體能對政府決策施加壓力而使有利於自己的團體，其型態爲透過政治運作產生決策影響的非政黨與非正式組織。由壓力團體演化成的利益團體（interest group）主要係因爲民主發展與經濟發展後，社會分工細緻，有著不同的目的與手段，某部分利益團體不會牽扯政治，純粹以協助或獲得團體利益方式存在；另有部分利益團體，以操作政治手段遂其利益爲目的而存在。

一、家長會（會長）協會（團體）

由於《教育基本法》與各級教育法規的規定，因此許多的教育相關會議，依法必須有家長代表參與。宏觀面舉凡各項教育政策擬定、課程綱要修訂、升學制度變革、校長遴選等；微觀面舉凡學校各項會議、校務會議、課程發展委員、性別平等會議、特教推行委員會議、家長會代表會議等，上述皆有家長會長或代表參與的義務與權利地位。近年來對於各級學校校長的遴選，更具有舉足輕重的選票地位。不但如此，家長團體與協會經常性的定期聚會，以區域

爲中心，細分各分會或組織，有些能正向協助學校發展與辦學，有些則干擾學校辦學，或圖謀學校相關採購與利益等，屢見不鮮。

二、教師會（工會）

以學校爲中心而環繞的利益團體很多，其中教師會（工會）係由教師團體組成，主要概分兩大系統：其一爲全國教師工會總聯合會（The National Federation of Teachers Unions, NFTU），其二爲全國教育產業總工會（National Federation of Education Unions, NEU）。兩工會之會務皆由教師所經營，由於教師爲圈內人，因此嫻熟教育法令，表達意見方式直接且強烈，透過民意代表與國會對於縣市教育主管機關、國教署或教育部直接施加壓力，更運用媒體第四權的力量，強力監督政府有關教育的施政，因此產生極大的影響力。

其正面的效應能夠保障與維護教師權益與福利，並增進教育品質的提升；負面的效應爲教師會（工會）領袖爲選舉產生，部分領袖長期連任，或居核心地位，因此，組織內部不和的傳言甚囂塵上。另由於《教師法》的規定，教師僅具有勞動三權之二權，並無爭議權（罷工權），因此，教師工會雖爲壓力團體，但是其工會功能與其他社會上之工會組織無法堪比，也爲教師團體所詬病。

利益團體與政黨的分野

利	組合型	結社組織的社團，是民主國家最常見的利益團體。
益	制度型	存在於政府之中的科層組織，爭取自己單位的利益。
團	非組合型	社群認同的團體，建立在共同社會特徵或屬性上的社群。
體	失序型	非法手段爭取公共利益的利益團體，有破壞社會秩序的危機。

利益團體對象是團體成員、爭取公共政策、利益表達、組織僵化。

政黨對象是國民、爭取公共職位、利益匯聚、組織彈性化。

Unit 9-6
校長領導

校長領導（principal leadership），從結構功能論的觀點來看至少具有三種功能：決策、管理與監督。決策是領導學校欲達成目標的策略，不同領導思維與模式會產生不同的決策，也會影響決策是否能落實執行與實踐。管理是對於學校活動的協調與運作，管理繫於溝通的良窳，好的學校管理與經營通常具備有效的領導。監督是對於學校教育的觀察與反思，有效的領導能夠針對問題解決，對於現狀能夠應變，對於過程能掌握，對於結果能讚賞與期待。因此，校長領導的有效性，除了具有教育功能的彰顯外，還能面對衝突的批判與挑戰，並有詮釋論的細膩觀察與善用符號表徵的領導圖像與風格。

一、領導理論觀點

（一）特質論

著重於領導者的特質與人格個性的觀點。領導者有七項特質：驅動力、領導的欲望、誠實與正直、自信、智能、工作相關知識與技能、外向的性格。

（二）行為論

分別有三種學派：其一，勒溫（Kurt Lewin）領導三型態，分為專斷式、民主式與放任式三種領導型態。其二，俄亥俄雙層面模式，分為體制層面：命令與績效面向；體恤層面：友善與互信面向。其三，管理方格理論，分為員工導向與生產導向的矩陣，出現四種不同方格類型：鄉村俱樂部型、團隊管理型、不良管理型、工作管理型，其中四者兼具者為中庸管理型。

（三）權變（情境）論

分別有三種型態：其一，費德勒（Fiedler）權變模式，領導型態分為任務取向與關係取向，影響領導的情境因素有三：領導者與部屬之間的關係、任務結構與職位權力。其二，賀賽與布蘭查德（Hersey & Blanchard）情境理論，領導者需要具有工作成熟度與心理成熟度；部屬的成熟度有四個等級：低成熟度（M1）、中度成熟度（M2）、中度成熟度（M3）、高度成熟度（M4），與四種領導風格：告知式（高工作、低關係）＋（M1）、推銷式（高工作、高關係）＋（M2）、參與式（低工作、高關係）＋（M3）、授權式（低工作、低關係）＋（M4）產生交互作用。其三，豪斯（House）路徑－目標理論，有效領導係確認路徑能幫助部屬達成目標，可分為指導型、支持型、參與型、成就取向型領導，透過環境因素而改變四種不同領導型態。

二、管理理論觀點

㈠ **古典管理理論**：強調組織的技術與需求，強調組織觀點，不重視員工觀點。

㈡ **人群關係理論**：強調員工的心理與社群現象，強調員工觀點，不重視組織觀點。

㈢ **需求層次理論**：由生理、安全、社會、自尊、自我實現等，逐級而上的五種需求層次。

㈣ **X理論、Y理論**：X理論是負面，是性惡論；Y理論是正面，是性善論。

㈤ **Z理論**：強調組織適當形式與個人特殊需求以及應變策略，介於X、Y理論之間。

協力領導模型圖（Synergistic Leadership Theory, SLT）

組織結構

· 輪調式領導
· 運用專業而非職務領導
· 具有共識目標
· 重視每個人
· 獎勵專業發展
· 依賴非正式溝通
· 分散權力
· 提倡社區
· 提倡培育及關懷
· 提倡授權
· 訂定許多規則
· 分工設職
· 維持高度階層
· 少有變革

外部影響力

· 上級／同事的認知及期望
· 社區的認知及期望
· 中央及地方之法規
· 資源
· 地區
· 地區文化
· 社經地位
· 語言／種族團體
· 政治／特殊利益團體

領導行為

· 專制的
· 授權者
· 合作者
· 溝通者
· 任務導向
· 冒險者
· 人際關係
· 培育者
· 控制者
· 穩定者
· 直覺的

價值觀、態度、信念

· 專業成長之重要性
· 開放變革／多元
· 堅持傳統
· 同事信任／支持
· 人格、倫理、正直的重要性
· 危機中／資優學生學程之重要性
· 教師／學習者的角色
· 學校之目的
· 教師／行政人員的角色
· 福利的重要性

Unit 9-7
學校評鑑

146

學校評鑑從教育社會學的觀點主要有二，其一，新右派主義藉由市場理論，向社會傳遞教育市場化的觀念。其二，新保守主義亦在同時期以國家控制觀點，藉以提升整體教育制度發展。此兩者，新右派係透過績效責任（accountability）主張學校教育應有經濟（economic）、有效能（effective）及有效率（efficient），達成教育適當性（propriety）。而國內，早期係以新保守主義觀點推動學校評鑑（school evaluation），因此，學校評鑑形成不是改善而是懲罰與減少補助的對應文化，引起了開放與保守等二元對立的激化現象。美國學者史塔夫賓（D. L. Stufflebeam）主張評鑑的目標在於改善（improve）而不是在證明（prove）。因此，對於學校而言，評鑑主要目的是在改進學校教育，提升教育品質，促進學校發展，保障學生教育權益。

一、國內學校評鑑之方向

（一）由下而上的評鑑模式

由於教育鬆綁（educational deregulation）、去集中化（decentralization）的教育改革理念，使得新保守主義之「由上而下」（top-down）的決策模式，逐漸轉型為新右派主義「由下而上」（bottom-up）教育市場模式。

（二）以學校為本的評鑑模式

由於課程改革加速，重視以學校本位管理（school-based management）建構學校行政、家長會、教師會互動決策的模式，促進校園民主化和社區化，因此，更加重視各校經營特色與社區互動的關係。

（三）學校學習組織的評鑑模式

學校行政的組織型態為靜態與垂直的科層體制組織，因著社會變遷加劇，學校組織轉變為動態與扁平的學習型組織（learning organization），並透過教師彰權益能（teacher empowerment）以建構學習型學校（learning school），呈現一種描述和價值判斷的歷程。

二、國內學校評鑑之定位

學校評鑑不是校長評鑑、不是教師評鑑、不是行政評鑑，是機構評鑑，為了解學校整體辦學表現。

㈠ **課程教學：**(1)課程發展、(2)教師專業、(3)有效教學、(4)學生學習。
㈡ **學務輔導：**(1)友善校園、(2)學生輔導、(3)公民素養、(4)弱勢扶助。
㈢ **環境設備：**(1)校園營造、(2)教學設備、(3)圖資利用、(4)資源整合。
㈣ **校務發展：**(1)校長領導、(2)行政效能、(3)績效表現、(4)永續發展。

評鑑不是評鑑問題。若不懂評鑑精神，不會辦理評鑑方法，不會應用評鑑改善學校才是問題。因此，應全盤了解評鑑目的，發揮評鑑功能，評鑑過程才不會船過水無痕，或覆水難收而降低學校士氣。

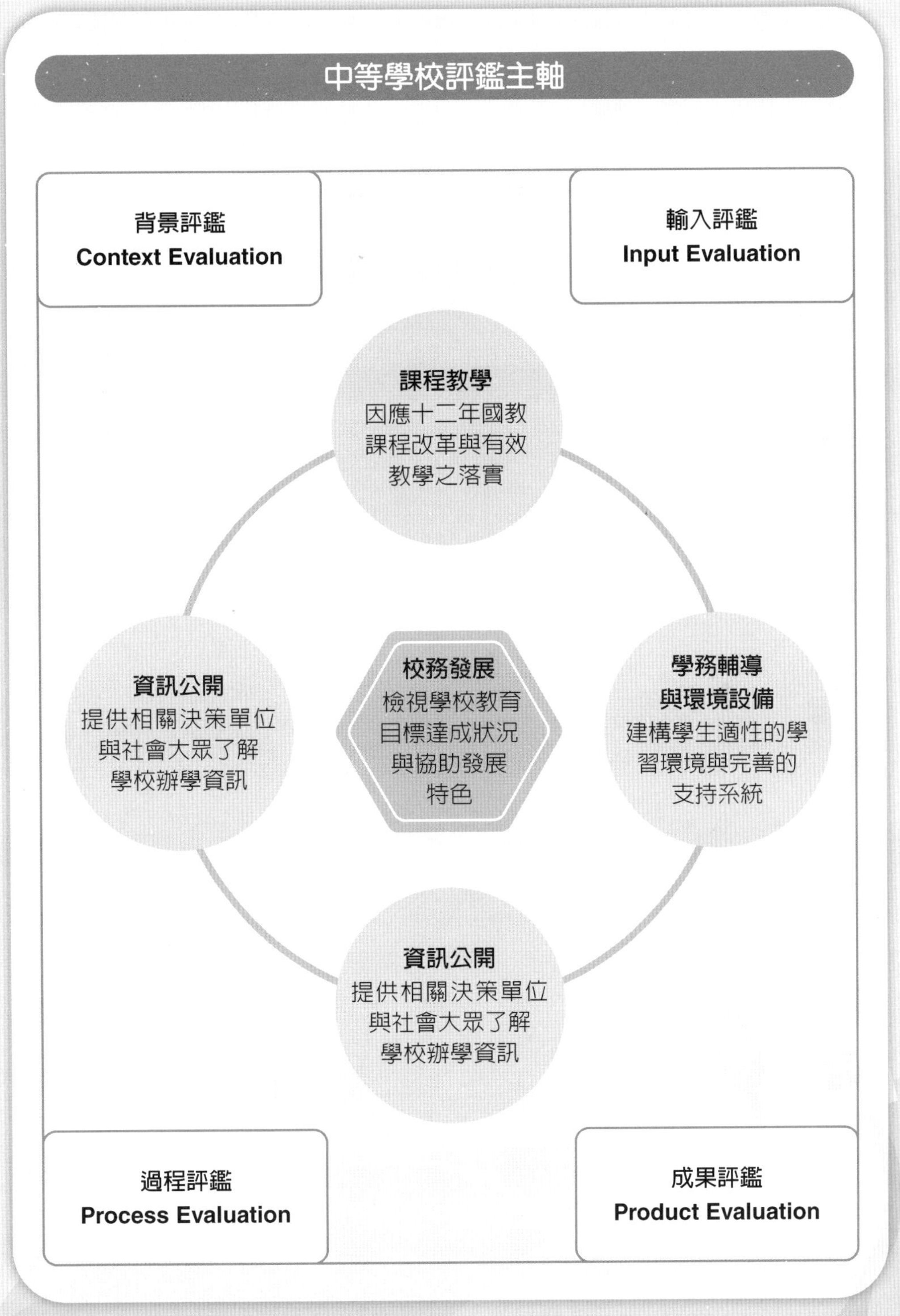

中等學校評鑑主軸

背景評鑑
Context Evaluation

輸入評鑑
Input Evaluation

課程教學
因應十二年國教
課程改革與有效
教學之落實

資訊公開
提供相關決策單位
與社會大眾了解
學校辦學資訊

校務發展
檢視學校教育
目標達成狀況
與協助發展
特色

**學務輔導
與環境設備**
建構學生適性的學
習環境與完善的
支持系統

資訊公開
提供相關決策單位
與社會大眾了解
學校辦學資訊

過程評鑑
Process Evaluation

成果評鑑
Product Evaluation

第九章 學校文化與組織變革

147

第 **10** 章

教師社會學的發展

章節體系架構 ▼

Unit 10-1
教師角色與文化

　　加拿大管理學者明茲伯格（H. Mintzberg）曾提出職業角色的分類，從教師面臨教育改革與課綱動態修訂來看，教師角色應有以下三種類型：人際關係者角色、資訊溝通者角色與決策者角色，從傳統的班級與教學經營者，轉變為班級與教學經理人的角色。

一、教師具有人際關係者角色

(一) 領導人物（leader）：教師在教學中是領導人並教導與激勵學生的學習與發展。

(二) 頭臉人物（figurehead）：教師兼任行政職與導師，負責管理與學校相關典儀。

(三) 聯絡者（liaison）：教師因職務不同，需要進行內部協調與外部溝通。

二、教師具有資訊溝通者角色

(一) 監控者（monitor）：教師需要關心學生相關資訊，並且熟悉教育環境。

(二) 傳播者（disseminator）：教師將所得的知識與資訊傳遞給學生與家長。

(三) 發言者（spokesman）：教師於各項會議具有發言權與建議權，促進學校發展。

三、教師具有決策者角色

(一) 企業家（entrepreneur）：教師從教學傳遞者轉變為教學經理人，隨時應變學生之學習。

(二) 危機處理者（disturbance handler）：教師擔負校園危機處理的一分子，協助轉危為安。

(三) 資源分配者（resource allocator）：教師負有對課程進度與教學資源分配的職責。

　　兩位英美加學者洛帝（Dan C. Lortie）與哈葛瑞夫（A. Hargreaves）對於教師文化從哲學面向提出即時主義、個人主義與保守主義的重要性的貢獻，並從教師文化的適配性（congruence）、差異性（differentiation）與共通性（consistency），促進了教師的公開觀課、教師社群文化與教師專業發展的變革。

四、邪惡的三位一體文化（unholy trinity）

　　教師長期孤立於校園或教室之中，抗拒來自外界對其造成壓力的改革，因而得到教師文化是保守的評價。哈葛瑞夫提出一個公式：「即時主義＋個人主義＝保守主義」，假設等號左邊的主義能消減其一，應該就可以改變保守主義（conservatism）的狀態。

五、教師即時主義（presentism）

　　教師將課程或教學解構成簡短學習單元，將短期的學習成效當作學生成就與教學滿足的因素，並沒有深刻探究有關課程教學的整體性、系統性與社會變遷，是教師文化保守的原因之一。

六、教師個人主義（individualism）

　　透過教師社群的合作力量可以降低個人主義，而教師專業發展系統，透過課程設計與教學、班級經營與輔導、研究發展與進修與敬業精神及態度，改變教師文化保守。

教師職業人格激勵類型

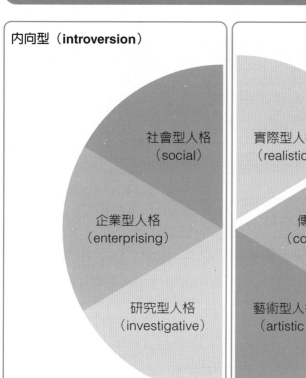

内向型（**introversion**）

社會型人格
（social）

企業型人格
（enterprising）

研究型人格
（investigative）

外向型（**extraversion**）

外向型（**extraversion**）

實際型人格
（realistic）

傳統型人格
（conventional）

藝術型人格
（artistic）

内向型（**introversion**）

投入 engagement	探索 exploration	體驗 experience
方便使用 ease of use	電子化 electronic	激勵 excitement
授權 empowerment	效率 efficiency	愉快 enjoyable

Unit 10-2
教師的社會地位

圖解當代教育社會學

152

教師社會地位（social status of teachers）泛指教師在社會中的「立場」與「受重視程度」，探討教師教學能力、工作態度、工作報酬、社會聲望等因素。一般研究，可以透過教育工作的專業地位（professional status）與教師的職業聲望（occupational prestige）來了解教師之社會地位。根據英國國家經濟社會研究院委託瓦爾基基金會（Varkey Foundation）對於跨國的教師地位調查，針對四個構面：⑴對教師尊重的程度（the profile of teacher respect）、⑵教學是熱門職業的選擇（teaching as a sought-after profession）、⑶教師的社會地位的背景（a contextual understanding of teachers' social status）、⑷學生尊重老師的觀點（views on pupil respect for teachers），進行探究與分析，發現對老師的尊重愈高，能鼓勵孩子成為社會專業人士的機會就愈大。

一、教育工作的專業地位（Professional Status）

（一）將小學教師與其他專業進行比較

臺灣社會認為高中、國中教師較小學教師專業，但小學教育的目的在於引導學生全人格發展，並奠定道德、知識、社會與經濟的基礎。再者，教育的進步，需仰賴教師的資格與能力，國小教師皆具有師資培育過程與資格，而教學能力亦透過教師專業發展系統精進。

（二）對高中、國中教師進行其他職業排名

在此教育階段透過國際學生評量（The Program for International Student Assessment, PISA）與教師地位相互比較，可知教師獲得較高社會地位，也與學生學習成就有正相關，因此，高中、國中教師應有優質人才投入，才能有益於學生學習成就與發展。

二、教師的職業聲望（Occupational Prestige）

（一）選取最相似職業與教師職業進行相對地位進行排名

國際上以社會工作者、護理師、圖書館員、地方公務員、醫師等五個職業認為與教師職業較為相關，中國大陸認為教師職業相似於醫師，美國認為相似於圖書館員，臺灣認為相似於社會工作人員，日本認為介於護理師與地方公務員。

在薪資方面，有80%的國家民眾認為教師的年薪低於平均所得，2018年全球教師平均薪資由高到低前5名為瑞士、德國、美國、加拿大、臺灣，全世界教師平均薪資最低國家為埃及。

在工時方面，2018年加拿大和芬蘭這兩個優質的教育系統，大眾認為的教師工作時間比實際工作時間長得多，而日本教師的工時是全世界最高，臺灣排在第11位。

（二）評估學生對老師的尊重程度

世界各國對於教師尊重程度的排名依序是校長、高中老師、國中小老師，而臺灣的調查排名是高中老師、國中小老師、校長。顯而易見，臺灣社會大眾認為高中教師具較高專業程度，然而對於校長則認為較不專業，此弔詭現象有待釐清與探究。

聯合國教科文組織（UNESCO）之教師地位內容

教育目標暨政策

教師職業準備	教師進修	教師任用與生涯
選擇性 / 師資培育課程	教師進修	教師任用與生涯
教師權利與義務	教師升遷	教師懲處
教學自主 / 教師工作權	教師衛生福利	教師兼職
績效責任 / 教師聘約	有效教學與學習環境	

教師薪酬	社會保險	班級規模	教材教具	有薪年假
一般條款 / 醫療保健 / 工傷補助		教學假	特別假	病假產假
急難救助 / 殘障補助 / 退休撫卹		互換教師	學校建築	偏鄉補助

Unit 10-3
教師專業與發展

教師專業發展（teacher professional development）一詞說明教師職業是一種專業性工作，教師是持續發展的個體，透過持續性專業學習與生涯發展歷程，不斷提升教學與行政的專業表現與水準。首先，教師專業（professional of teacher）面向，我國於101年公布《中華民國師資培育白皮書》以師道、責任、精緻、永續為核心價值，兼備教育愛人師、專業力經師、執行力良師為目標，訂定教師專業標準指引。其次，教師發展（development of teacher）面向，定義教師為專業人員，以生涯發展的觀點視教師為發展中的個體，深化教師對自我的了解，促進教師成為學習者與研究者，發展專業知識、技能與情意的教育目標，並給予老師授權增能（empowerment）的歷程，提供專業成長與發展。

一、教師專業（Professional of Teacher）

我國教師專業標準之內涵，包括專業知能及態度，計有十項標準：(1)具備教育專業知識並掌握重要教育議題、(2)具備領域／學科知識及相關教學知能、(3)具備課程與教學設計能力、(4)善用教學策略進行有效教學、(5)運用適切方法進行學習評量、(6)發揮班級經營效能營造支持性學習環境、(7)掌握學生差異進行相關輔導、(8)善盡教育專業責任、(9)致力教師專業成長、(10)展現協作與領導能力。

二、教師發展（Development of Teacher）

(一) 學校本位的教師專業發展：透過學校專業評估後提出需求（needs），透過在職進修的實施（implementation），充實教學知識和技術，最後透過評估（evaluation）修正實施的過程。

(二) 校外進修的教師專業發展：教師出於自願或配合教育主關機關，到教師研習（會）中心、委託之進修機構、大學之研究所，進行在職進修，取得教師證照、研習證明或較高學位證書，增進自己的專業倫理、知識與能力。

(三) 自我導向學習的教師專業發展：教師自我主動學習、獨立研究或自我教育，例如：(1)參與輔導教師機制、(2)強化教學研究會的功能、(3)參與讀書會、(4)網路學習資源、(5)發表教學研究刊物、(6)專題研究、(7)進修學分學位等。

三、教師專業發展評鑑（Evaluation of Teacher Professional Development）

我國自2006年開始辦理中小學教師專業發展評鑑，以教師自願、學校申辦方式辦理，協助教師專業成長並增進學生學習成果，其目的為促進教師專業發展，評鑑機制不涉教師成績考核及不適任教師處理機制。因教師需求與發展的轉型，自2017年起，教師專業發展評鑑轉型為教師專業發展支持系統，真正把教師專業自主權還給教師，提供更貼近第一線教師專業成長的需求，希冀更有效地提升教育品質。

教師專業評鑑概念圖

策略與方法

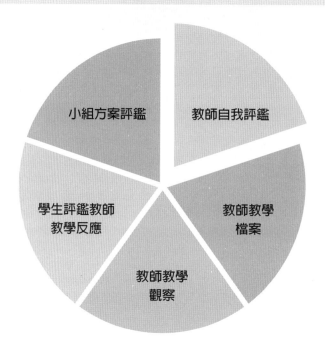

- 小組方案評鑑
- 教師自我評鑑
- 學生評鑑教師教學反應
- 教師教學檔案
- 教師教學觀察

原則與目標

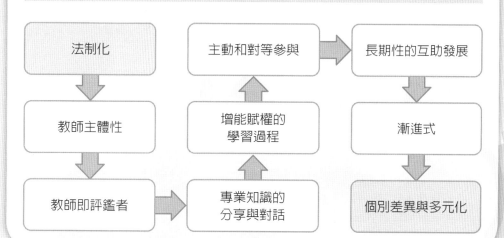

- 法制化
- 主動和對等參與 → 長期性的互助發展
- 教師主體性
- 增能賦權的學習過程
- 漸進式
- 教師即評鑑者 → 專業知識的分享與對話
- 個別差異與多元化

Unit 10-4
教師承諾與使命

圖解當代教育社會學

國內心理學家張春興曾言良師三要素：「能教、會教、願教」，其中又以「願教」最為重要，能教、會教是指教師要精於所授學科的知識內容與教育專業知能，而「願教」則指教師需具備教育專業態度，因此，教育專業態度又與教師承諾與使命有高度相關。教師承諾意謂：教師對於其所內化認同的價值、學校及工作等，在心理上能理性認同、行為上能參與投入，並主動積極、奉獻心力，維持一致性、穩定性的趨向。教師使命可謂：能傳生活學習與創新之道、能授知識與藝能之業、能解人格發展之惑並導引學涯之航。

156

一、教師承諾

教師承諾可以分為「組織承諾」與「生涯承諾」兩大類型，教師是學校除了學生之外的重要成員，肩負教學與行政等教育工作，因此，教師在態度與行為上能夠與學校或生涯產生一致性，就是教師承諾。

（一）教師組織承諾

組織承諾牽涉心理、行為、組織、利益交換因素。就態度性組織承諾部分，是一種主動性的承諾，著重在教師對於學校的歸屬感。就交換性承諾部分，是指教師對於學校付出的投資報酬為考量，係以功利性觀點決定對學校承諾的程度。

（二）教師生涯承諾

生涯承諾可分為生涯認同、生涯投入與留職傾向等三大部分。就生涯認同部分，是教師對於自己職業長時間且一致性的正面感受，並以身為教師感覺到榮耀，能對學校整體積極的貢獻。就生涯投入部分，是教師能於職場中做好生涯規劃並努力克服挫折、尋求發展與生涯展望而言。就留職傾向部分，由學校環境或個人能力衍生出對於身為教師承諾的工作價值與職業忠誠。

二、教師使命

美國教育學家約翰‧杜威（John Dewey）曾說：「I believe that in this way the teacher always is the prophet of the true God and the usherer in of the true kingdom of God.」說明了教師具有神聖的使命，是引領學生進入知識殿堂、人生哲理與美好生活的引路人。由於教師是學校的資產，不論教學、行政、輔導方面，都扮演舉足輕重之角色，因此，教師的品質，決定了教育的品質，有使命感的老師、有效能的教師，學生能有較佳的行為表現。

（一）傳道

培養學生清晰的思辨能力，建立學生良好的品格道德，涵養學生良好的公民責任。

（二）授業

教導學生專業與生活知識，帶領學生學習與創新能力，引導學生認識多元化生活。

（三）解惑

幫助學生解決問題與疑難，引領學生探索興趣與職業，輔導學生處理抉擇與困難。

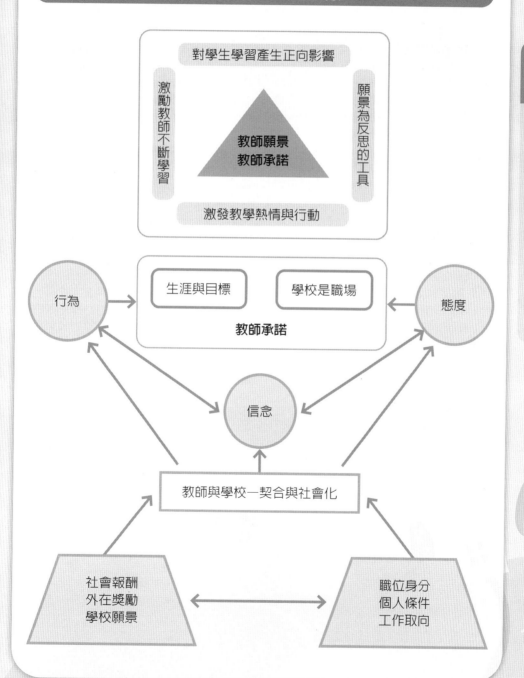

教師願景與承諾圖像

對學生學習產生正向影響

激勵教師不斷學習

教師願景
教師承諾

願景為反思的工具

激發教學熱情與行動

行為

生涯與目標　　學校是職場

教師承諾

態度

信念

教師與學校—契合與社會化

社會報酬
外在獎勵
學校願景

職位身分
個人條件
工作取向

Unit 10-5
教師專業社會化

教師專業社會化（teacher's professional socialization）係指在教師養成過程與教學生涯歷程的前、中、後期的重要社會化因素，也是教師在專業課程、專業團體之中，接受專門培育、教師文化與學校環境的社會化過程，並且逐步形成教師專業的價值觀念、態度、技巧與期望，透過融入教師專業團體，形成教師社會化特質，有系統化對於自身教學實踐的不斷反思、學習及發展。

一、教師專業社會化歷程

教師專業社會化歷程，從教師實習、初任教師學習、中堅教師發展、專家教師等階段，分別有「外在支持」（externally supported）、「遷移」（transitional）及「自我調整」（self-regulatory）等三個階段。

（一）外在支持

係指觀察與學習層次，在實習教師階段對專業社會化，透過觀察、學習、研討與反思，並在指導教師的鼓勵或引導之下，進行技術性省思、實踐性省思及批判性省思等不同層級的省思。

（二）遷移

係指教師實際教學專門知識從抽象到具體三種不同層次結構，包括：教學知識表徵在日常教學活動中化為實際的教學行為、教師個人化的特質及特別情境中的具體行為等面向。

（三）自我調整

係指初任教師受到專家教師的指導，其學習內容包括：教學工作熟練度、教師目標與價值、學校文化及人際關係等面向。

二、教師專業社會化的社會學基礎

結構功能論以社會整體的觀點說明教師專業社會化的功能性，主要強調社會整體的目標、社會結構與角色規範，因此，教師的專業社會化以教育專業規範與知能、技能為主要目的，並透過學校的職務分配來達成專業社會化的功能。

衝突論觀點係以競爭與衝突為出發點，呈現教師專業社會化的動態變遷與權力互動的關係，因此，教師對於原本既有的文化系統或者上層階級所稱之專業規範，不應盲從與順服，主張教師專業社會化應該透過教師理性的覺知，經過溝通與批判，爭取合理的權力分配，達成教學目標與學生學習權益。

詮釋論從微觀面向，提出教師專業社會化係指教師在學習、教學的日常生活中，有時間與空間與其他教育人員互動與對話，透過溝通、討論及共識的方式，不斷精進專業知能。並受到權威參照團體、同僚團體及服務對象的影響，因此，專業自我、專業態度會不斷調整並向上、向善發展其專業表現。

158

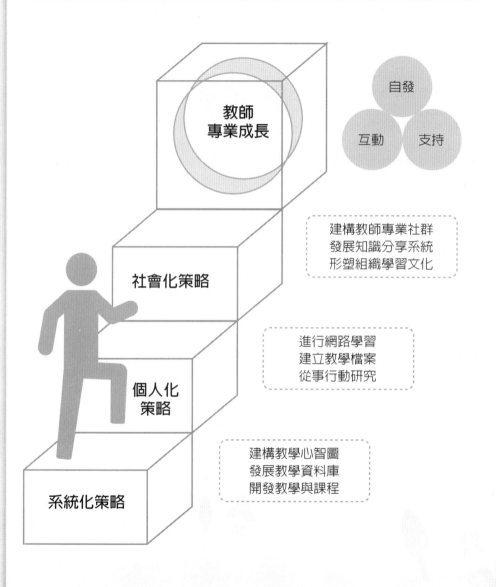

教師專業成長

教師
專業成長

自發

互動　　支持

建構教師專業社群
發展知識分享系統
形塑組織學習文化

社會化策略

進行網路學習
建立教學檔案
從事行動研究

個人化
策略

建構教學心智圖
發展教學資料庫
開發教學與課程

系統化策略

Unit 10-6
教師生涯發展

160

英國教育部（Department for Education, DfE）於2010年提出「學校系統效能最重要的決定因素即是教師素質」。臺灣教育部於2012年公布《師資培育白皮書》以「師道、責任、精緻、永續」為核心價值，從「師資職前培育」、「師資導入輔導」、「教師專業發展」及「師資培育支持體系」四大面向，培育富教育愛的人師、具專業力的經師、有執行力的良師，並以終身教育為導向，以學會認知（learning to know）、學會做事（learning to do）、學會共同生活（learning to live together）、學會發展（learning to be）、學會改變（learning to change），作為教師的生涯發展的方向與支柱。有關教師專業生涯的理論，可區分為三種取向，包括週期論（phase theory）、階段論（stage theory）與循環論（cycle theory）說明之。

一、週期論

教師生涯發展的週期論主要以教師的「年齡」或「教學年資」為界定的依據，透過教師教學生涯的需求與特性，建構線性的生涯發展週期，例如：從我國教師敘薪之起敘基準薪級（薪點）有29級（190）獲學士學位之教師、24級（245）獲碩士學位之教師、19級（330）獲博士學位之教師，搭配每年提敘階級，可窺見教師生涯發展的線性發展脈絡。

二、階段論

教師生涯發展階段論主要以共同的心理特徵、態度與需求為界定生涯發展之依據，不以年齡或教學年資作為生涯發展的劃分階段。例如：以學校行政專業生涯進路：組長→主任→校長；以課程教學專業生涯進路：課堂教學與班級經營→領域課程發展設計→實習（教學）輔導教師或社群主持人或課程諮詢教師→學科領域召集人。主持行動研究。上述發展可能與教師自身意願與發展速度有顯著的個別差異情況。

三、循環論

教師生涯循環論的論者以動態或多重途徑的方法建構教師生涯發展的情況，每一個循環牽涉各種情境因素，而生涯中會因為工作與職務而有多種層次或多面向的循環，循環順序為「探索期」：應用能力→「建立期及轉化期」：分析及綜合能力→「維持期」：評價能力→「成熟期」：創造能力，循環過程有可能跳躍、中斷或停滯，必須進行調適與再成長，如此則可能順利的往下一個生涯階段發展，進入下一個循環。

教師生涯發展圍繞在教師專業發展的基礎之上，唯有改善教師的「孤立文化」，並尋求自願性、價值性、進階性的系統建構，創造負責、主動、持續的教師專業文化，搭配彈性薪資等配套措施，逐步達成教師生涯發展之適配系統。

教師生涯需求職級適配系統

教學系統	平行、交叉流動	行政
高專教師	自我超越需求	校長
正教師兼計畫師	自我實現需求	教務主任、祕書
正教師兼召集師	尊嚴需求	學務、輔導主任
正教師兼課程師	社會需求	其他行政主任
正教師兼導師	安全需求	組長
專任教師	生存需求	副組長
任務導向	學校本位適配	職務導向

Unit 10-7
教師專業組織

圖解當代教育社會學

臺灣1995年公布《教師法》，該法第39條：「教師組織分為三級：在學校為學校教師會；在直轄市及縣（市）為地方教師會；在中央為全國教師會。」此為教師組織的法源依據。復於2010年立法院三讀通過工會法修正案，自2011年起，教師得組織並加入產業工會與職業工會，因此教師組織走向競爭與多樣化，目前臺灣的全國性教師（工會）組織有全國教師工會總聯合會（全教總）、全國教育產業總工會（全教產）、臺灣私立學校教育產業工會（臺灣私教工會）、臺灣高等教育產業工會（高教工會）等。

一、國際教師專業組織

自二次世界大戰以降，世界局勢趨於穩定，民主國家對於教育日益看重，希望透過專業組織的交流，團結教育文化工作者及促進不同國家間的教育相互理解，因此，成立世界教師組織聯合會（World Confederation of Organization of Teaching Profession, WCOTP），在此之前，各國成立的教師專業組織有英國全國教師聯盟（National Union of Teachers, NUT）、美國全國教育協會（The National Education Association, NEA）、美國教師聯合會（The American Federation of Teachers, AFT）、日本教職員組合（Japan Teachers' Union, JTU）；跨國際組織有國際教師聯合會（International Federation of Teacher Association, IFTA）、國際中等學校教師聯合會（International Federation of Secondary Teachers）及世界教師專業組織（World Organization of the Teaching Profession, WOTP）。

二、教師專業組織的特質

聯合國教育科學文化組織（UNESCO）於1966年決議「教學」應被視為專業。美國全國教育協會（NEA）提出教育專業的衡量標準，其內容有以下八點：(1)屬於高度的心智活動、(2)具特殊的知識技能、(3)受過長期的專業訓練、(4)不斷的在職進修、(5)屬於永久性職業、(6)以服務社會為目的、(7)有健全的專業組織、(8)訂定可行的專業倫理。臺灣《教師法》第40條，規範各級教師組織之基本任務如下：(1)維護教師專業尊嚴與專業自主權、(2)與各級機關協議教師聘約及聘約準則、(3)研究並協助解決各項教育問題、(4)監督離職給付儲金機構之管理、營運、給付等事宜、(5)派出代表參與教師聘任、申訴及其他與教師有關之法定組織、(6)制定教師自律公約。

三、教師專業組織與教師工會的爭議

臺灣教師專業組織並非單一團體，但長期以來，教育主管機關仍以「全國教師會」為教師代表，主因為該會與全國教師工會總聯合會（全教總）會員重疊性過高，因而有排擠其他教師工會之現象，而引發爭議。因此，各教師工會與組織呼籲教育部應廣納多元聲音，而非獨厚單一工會，亦期望於《教師法》與《工會法》修正時，能一併考量與解決相關爭議。

教師專業指標

專業知能

從事教育人員必須具備完整的專業知能。

專業訓練

職前教育獲得專業職能,有系統性的培育。

專業組織

保障專業地位,成立各類的專業組織。

專業倫理

從事教育人員必須有使命感與承諾感。

專業自主

從事教育人員必須有獨立自主的能力

專業服務

從事教育人員必須提供有品質的服務。

專業成長

從事教育人員必須持續精進職能與發展。

第 **11** 章

教學特質的分析

● ● ● ● ● ● ● ● ● ● ● ● ● ● ● 章節體系架構 ▼

Unit 11-1
教學特質的分析

　　教學特質（teaching characteristics）攸關教學品質與教師效能（teacher effectiveness）表現，因此，具有良好教學特質的教師，其個人特性、社會與專業知識、教室經營的技能與實務、教學的準備、教學技巧與實務等特質，具有顯著差異。面對十二年國教新課綱，國內教育學者對於芬蘭的教育系統多有青睞，該國師範教育也特別強調未來教師的特質需要具有倫理能力、智識能力、溝通與互動能力、文化及社區與社會能力、教學能力、美學能力等特質。因此，教學特質是一種多面向、多元性、整體性、經驗性與互動性的教學表現，無法單以某種規準來決定之，也因著不同環境與學生有不同的關注重點。以下由教師效能與教師特質說明之。

一、教師效能（Teacher Effectiveness）

　　教師效能又稱為教師效能感或教學效能，主要源自於心理學家班杜拉（Albert Bandura）的自我效能，若教師具有良好的自我效能，首先，教師能給予學生不同的學習難度並對教學活動的堅持，其次，面對教學逆境能尋求協助與突破，再者，能有良好的情緒控制能力，並且將良善影響同儕與教師群體。對於教師效能的評估可由強度（magnitude）、說服力（strength）以及延伸性（generalizability）等三個向度對於教師效能在以下四個面向作評估：(1)過去成就與表現（performance accomplishments）、(2)替代的經驗（vicarious experience）、(3)言語上的勸說（verbal persuasion）、(4)情緒上的激擾（emotional arousal）。這類型的評估屬於由教師主觀自我評價影響學生學習成效的覺知與判斷；亦有學者從有效教學面向探討教師效能，著重在教學過程與教學方法的運用，能否熟悉教材並有效激勵學生學習，進而達到教學目標。

二、教師特質（Teaching Characteristics）

　　在美國《*eSchool NEWs*》期刊調查讀者對於「二十一世紀教育工作者應具備的五種特質」，分別是：(1)放眼未來、(2)終身學習者、(3)人際關係良好、(4)能教導程度不一的學生、(5)能夠辨別科技是否有效協助教學等五項特質。美國學者Willard Waller於1932年出版《教學社會學》（*Sociology of Teaching*）一書，認為教學社會學中教師的特質為師生關係、教師的職業型態及行為特徵、改進教學的省思等。芬蘭的赫爾辛基大學教師教育學系也提出教師特質是能成為具備自主、反思、有倫理責任（ethically responsible）的老師，並且能積極參與教師專業社群的研討與活動，透過教師之間的對話、師生之間的對話、親師之間的對話，彼此尋求學習合作的可能性，拓展教師的教學人際社群，並且融入社區活動，促進社會發展。

湯瑪斯·高登（Thomas Gordon）教師效能訓練

透過「歷程與結果」的教學行為分析，並運用增強的原理，設計成訓練課程。

重視人際的互動與過程的分析，藉由理解、示範、模仿、認同、實驗進行訓練，有效處理師生應對的行為與問題，增進教學效能。

行為改變
技術模式

社交技巧
訓練模式

認知促進模式

改變教師效能
信念模式

遇到教學挫折的應對策略，並正確察覺力有未逮的關鍵與解決之道，從而發展更穩健的思考方式及更有效的處理策略。

重視教師自主評估能否有效影響學生的效能的信念，並增進教師成功的經驗，提供典範供學習，藉以提高教師的效能信念。

Unit 11-2
教師知識的養成

美國教育學家舒爾曼（Lee S. Shulman）認為教師的「學科知識」（Subject Matter Knowledge , SMK）和「教學知識」（Pedagogical Knowledge, PK）不應當分別看待，因此，整合上述兩種知識，提出「學科教學知識」或稱為「教學內容知識」（Pedagogical Content Knowledge, PCK）。其超越了教材知識的本身，經過「教學性的分析」，包含可教性（teachability）與表現性（represent），成為個別教師所擁有的專門知識，其主要特質就是教師要掌握學科內容，又要了解學生學習的特性，有效運用教學策略，將學科以學生可以理解的方式進行教學，引導學生進行探究、實作，進而建構知識體。因此，教師知識可以說是教師教學的重要基礎，不只包含多元的教學內容知識，也是一個動態且連續的發展歷程。

一、學科內容知識（Subject Matter Knowledge, SMK）

學校具有分層的學科概念與架構，不同學科領域其學科知識架構不同，亦即教師對本身執教的科目知識體系的了解程度。

二、一般教學知識（Pedagogical Knowledge, PK）

教學有共通性的教學原理與原則，在師資培育過程中，學習教學原理、教育心理學、班級經營、輔導原理與實務等。

三、課程知識（Curriculum Knowledge, CK）

不同的學科有不同的知識內容，而課程是系統呈現學科內容的有效方式，

因此，教師本身除了要了解任教科目的課程發展，並且能掌握課程間橫向與縱向的連貫與統整，具備課程設計、組織與銜接課程的知識內容。

四、教學內容知識（Pedagogical Content Knowledge, PCK）

教師能融合SMK、PK、CK進行任教學科的教學，在師資培育的過程完成教材教法的學習，在教育實習時，能完成教學、導師與行政實習，將任教學科知識機轉，形成教學的思維、策略與行動。

五、學習者特性的知識（Knowledge of Learner and Their Characteristics）

主要係指教師能掌握學生學習狀況與學習發展層次，進而幫助解決學生學習問題與困境，並了解學生擁有的特質，達成教育目標。

六、教育情境知識（Knowledge of Educational Contexts）

教師應能對教育環境有所認識與體會，例如：學校的願景、學校的文化、校內各種社群關係、教育主管機關之要求、家長之期待等方面的理解。

七、對教育目標、價值及社會淵源的知識（Knowledge of Educational Aims）

教師應對教育目的、價值以及教育相關的哲學與社會學之認識，因此在師資培育過程中，使教師能習得教育哲學、教育社會學等教育背景知識。

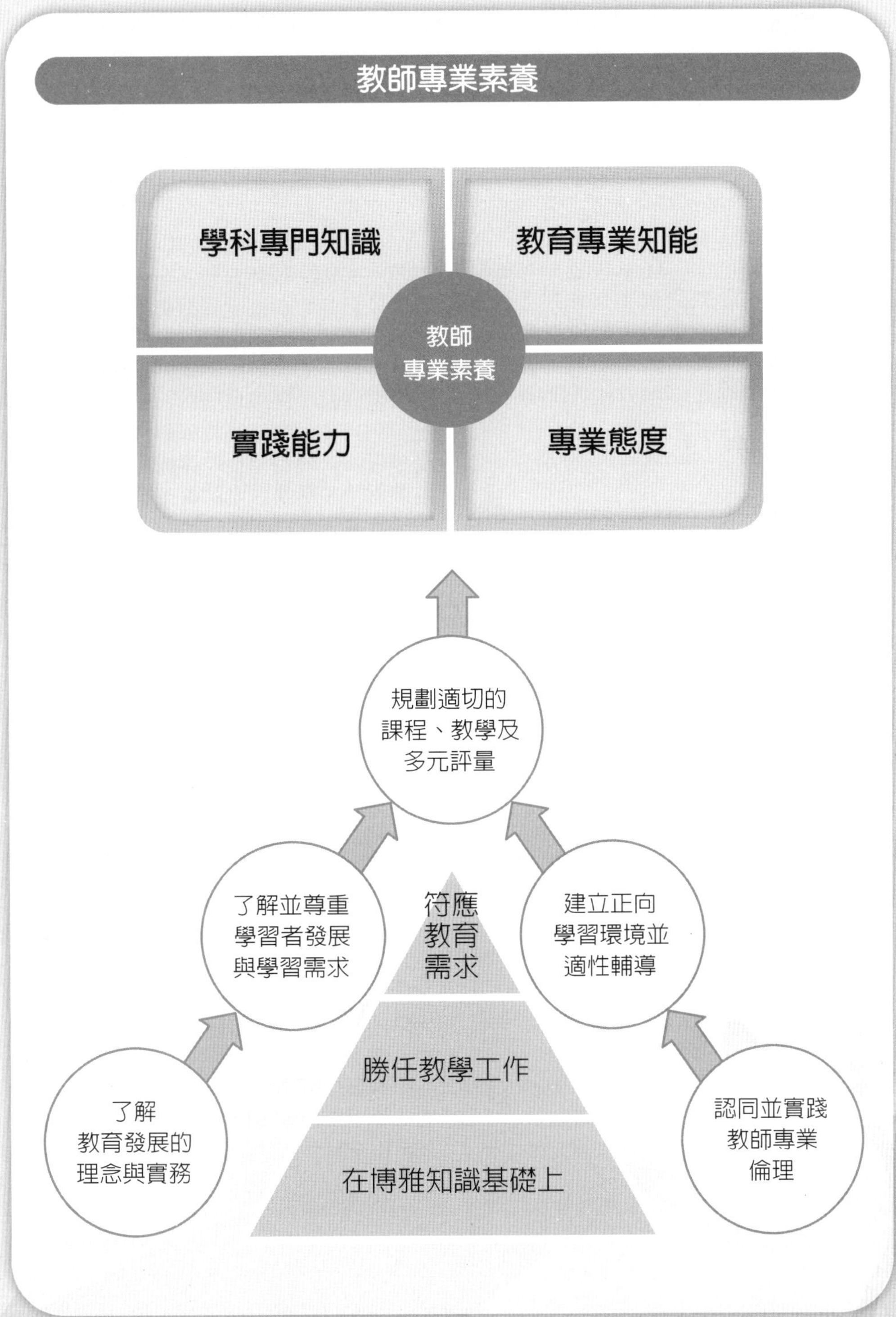

教師專業素養

學科專門知識

教育專業知能

實踐能力

專業態度

教師專業素養

規劃適切的課程、教學及多元評量

了解並尊重學習者發展與學習需求

符應教育需求

建立正向學習環境並適性輔導

了解教育發展的理念與實務

勝任教學工作

認同並實踐教師專業倫理

在博雅知識基礎上

Unit 11-3
教學文化的類型

　　學者洛帝（Dan C. Lortie）從社會學觀點探討教師教學文化與工作，稱之為教學社會學（sociology of teaching），其中包含教學文化（teaching culture）的探討。由於教師教學文化對於學校課程發展、學生學習與教師專業成長有密切關係，提出三種類型取向，分別為保守主義（conservatism）、個人主義（individualism）與現時主義（presentism）三種。

一、保守主義（Conservatism）教學文化

　　傳統上，教師的教學主要依循保守習慣，其一是教師過於倚賴個人信念；其二是教師教學價值觀受過去經驗的影響甚鉅。因此，教師經過師資培育過程的洗禮與教育，但是此兩種文化類型仍深植教師內心。由於外在環境條件的變遷，使得教師身處變動的環境之中呈現「以不變應萬變的心態」，若驟然改變，不但無法解決教學上的問題，很可能還會帶來新的困擾、焦慮與問題。教師對於教育政策與考試制度的不確定性，減緩了教育創新的步伐，使得改變與創新變得沒有價值。因此，老師年復一年強化了保守的信念與價值，最終以自己最舒適與習慣的方式進行教學。

二、個人主義（Individualism）教學文化

　　教師的個人主義主要呈現在兩種面向：其一，教師喜歡非正式的溝通；其二，教師不喜歡受到教學干擾。從這兩面向來看，教師之間的溝通、合作，都具有相當的侷限與特定性，例如：同辦公室同仁、同領域同仁、三五好友等等。另外，教師任學教學與備課時間應受到保障，使得學生學習能夠受到較完整的對待。其次，老師希望有獨立的空間與資源，因此對於班級的空間與資源產生獨立性的思維，由於教室的疆界（boundedness）產生了教學的疆界，進而形成個人主義的教學文化。

三、現時主義（Presentism）教學文化

　　在美國的中小學教師職涯，從初任教師到資深教師，由於薪資的變化不大，因此，在教學創新上獲得職位晉升較少。因此，教師不習慣以個人或組成團隊來提升教學知識。由於薪資的配置不良與激勵誘因欠缺，使得教師獲得安全的需求保障降低，無法滿足教師的需求。而教師的滿足係來自於學生的現時互動，但在教學現場所獲得的現時滿足像是雙面鏡，教師能從學生立即的回應中得到滿足，也有可能從中感到失望。由於教學環境多樣化，使得教師應接不暇，造成教師只能以當下的滿足為滿足，比較不會想到整體職涯的發展。

學校教師教學類型

要求高vs.融洽度高的教師
能對於學生成績與德育、群育的關注同樣重視，教師能熱忱投入，肯創新，人際關係密切。

要求低vs.融洽度高的教師
教師主要是以教學為本，以學生為中心，對學生成績的要求不高，人際關係和諧融洽，民主式管理。

溫室型	福利型
傳統型	紊亂型

要求高vs.融洽度低的教師
教師極度重視學生考試成績，師生壓力大，注重傳統規範，常規嚴謹有序，人際關係疏離，校內競爭性強，領導專權甚至獨裁。

要求低vs.融洽度低的教師
教師對於學生在學業和成長性較差，期望和要求低，人際關係疏離，士氣低落，效能低，危機大，掙扎求生存，枯燥乏味。

Unit 11-4
教師倦怠與心理衛生

圖解當代教育社會學

172

　　臺灣自1995年教育改革浪潮以來，以教育鬆綁、保障學習權、父母的教育權與教師專業自主為訴求，逐步推動九年一貫課程、十二年國民基本教育、108課綱的推動等，加上社會變遷與社會現象多變，產生少子女化現象、家庭結構趨向多元化、輔導管教適性化、家長高度參與學校事務等，使得教師的心理、生理與行為狀態會影響其專業發展與教學效能，進而影響學生的學習效果。基於教師身心健康、教學效能的考量，教師工作倦怠與心理衛生已成為重要的課題。

一、教師倦怠（Work Burnout of Teacher）

　　心理學領域對於工作倦怠（work burnout）是指教師無法應對來自個人與校內外的各項與工作有關的壓力，因而產生個人心理與情緒的耗損，對學生、家長、同仁等採取冷漠與疏離態度，同時對教學工作沒有成就感，缺乏教學熱忱。教師在面對沉重的工作壓力下，在生理層面會出現職業耗竭的症狀，例如：頭痛、肌肉痠痛、沮喪、緊張、身體倦怠等，而這些症狀若未能獲得緩解，將會影響到心理、精神層面，進而形成工作倦怠現象。美國曾經調查教師倦怠的影響因素，包含教師缺乏行政支持、教師缺乏家長與社群支持、教學與行政工作負荷、學生學習動機低落、學生紀律問題。緩解教師倦怠的具體措施與建議如下：

1. 有效降低教師授課節數，並規劃有助益的研習課程。
2. 給予充足的教師員額數，完善行政人才培育的制度。
3. 落實教職同仁支援功能，給予舒適辦公與教學環境。
4. 充分達成行政支援教學，辦理教師的休閒舒壓活動。

二、教師心理衛生（Teachers Mental Hygiene / Health）

　　教師心理衛生一詞近年來較少見於國內文獻，心理衛生運動主要始自於二十世紀初期的美國，由畢爾斯（Clifford Beers）所提倡，美國全國教育協會（The National Education Association, NEA）曾對教師作調查後發現，有將近四成的教師有嚴重的焦慮和緊張狀況，這些工作壓力來自於同仁之間人際關係、上級單位的要求、個人特質、社會對教師的期望與衝突、個人生活角色的衝突等等。因此，若要預防教師心理疾病，需從增強教師適應力著手，透過教師心理動力，解決各項教學現實問題與心理問題，鼓勵從工作中自我成長，並獲得工作成就感與心靈的滿足。學校鼓勵辦理教師社群、教師讀書會、改善工作環境，並透過對話增進教師教學與輔導專業技巧，使得教師心理衛生能獲得正向發展，降低不適任教師發生機會，增進學生學習權益與福祉。

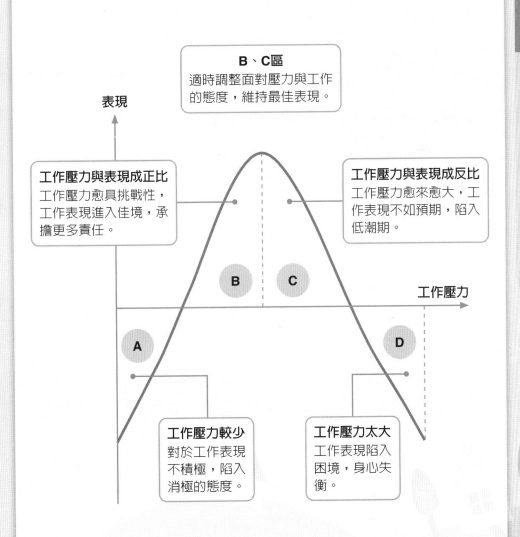

教師工作壓力與表現

B、C區
適時調整面對壓力與工作的態度，維持最佳表現。

表現

工作壓力與表現成正比
工作壓力愈具挑戰性，工作表現進入佳境，承擔更多責任。

工作壓力與表現成反比
工作壓力愈來愈大，工作表現不如預期，陷入低潮期。

B　C

工作壓力

A　D

工作壓力較少
對於工作表現不積極，陷入消極的態度。

工作壓力太大
工作表現陷入困境，身心失衡。

Unit 11-5
班級社會體系

班級社會體系（social system of classroom）係指由兩個或兩個以上的人產生穩定的交互關係所構成的學校班級。根據現代結構功能論學者帕森斯（Talcott Parsons）所提出的社會功能體系，班級（教室）主要有三種特質：首先，班級具有兩種主要的社會功能，即社會化與選擇的功能；其次，教室中有領導者（教師）及被領導者（學生），兩者之間具有動態的交互作用關係；再者，教室中有正式的社會結構，也有非正式的社會結構。因此，班級（教室）存在於一定規模硬體的學校建築內，由師生因為教育目標共同組成的班級團體，是生活單位與模式，自成一種社會體系，也與學校內其他班級與年級共同成為更大的學校體系。

一、班級的社會化與選擇

班級的社會化透過課程的傳遞與學習，傳遞知識與技能等認知型社會化功能，以符應社會價值觀的期待，並且養成符合道德社會化功能的行為模式。班級的選擇功能係以學生的學習成就表現，依照社會結構分配人力資源。班級內的學生次文化也具有社會化與選擇功能，班級內的學生同儕，有自己的社會化功能與潛在的共識，而學生的個人行為與能力成為同儕間個人地位的依據，符合同儕期望的學生，地位自然較高，而愈不能滿足同儕期望者，地位就愈低。因此，這是班級學生同儕團體中的選擇功能。

二、文化和社會再製

在班級中的選擇功能與標準，長期以來有利於中產階級以上的學生，較不利於勞工階級的學生，在班級中有關班級布置、文字、圖像、儀式等，對於中產階級以上學生較為熟悉，因此，班級成為文化和社會再製的機構，一切的課程與活動皆以符合社會中產階級以上需求而設計，忽略了文化資本、經濟資本較為缺乏學生，進而維持社會與經濟結構。

三、監護與規範功能

班級的監護功能來自於社會服務的思維，教師為國家社會所雇用，主要在法定的場域中提供社會的教育服務，並按照社會需求教育學生，因此，班級是制度化下的產物，為了有效管理學生，教師成為控制與監管學生的權威者，因此，學校與班級係為維護社會秩序而存在。

四、取得法定資格

學校與班級皆為法定的正式組織，充分反映社會的政治、經濟、階級與結構之間的關係，透過此一系統，學生完成階段學業即會獲得文憑，而新韋伯主義學者柯林斯（R. Collins）提出因為不同身分地位團體的競爭，導致教育的擴張，而非來自於社會的需求，而文憑主義並無法解決勞力市場的需求，僅僅是為優勢團體維持其在社會結構上的優勢地位。

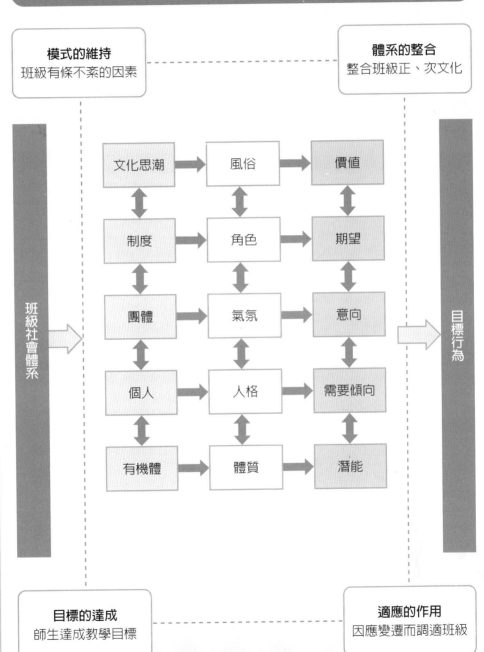

班級角色衝突與教師領導

模式的維持
班級有條不紊的因素

體系的整合
整合班級正、次文化

班級社會體系

文化思潮	→	風俗	→	價值
制度	→	角色	→	期望
團體	→	氣氛	→	意向
個人	→	人格	→	需要傾向
有機體	→	體質	→	潛能

目標行為

目標的達成
師生達成教學目標

適應的作用
因應變遷而調適班級

Unit 11-6
師生關係的類型

176

師生關係（teacher and student relationships）的良窳，關係到教學的效能。因此，有良好的師生關係必須建構在良好的班級經營（class management）之上。班級是由學生與老師所組成，而班級的環境又牽動經營的成效，因此，環境、學生與教師合稱為師生關係的三大要素。此關係建立在教師的教學風格、個人風格、教學方法與技巧；學生的特質、先備基礎、學生文化、學生家庭因素等；與教室的燈光、氣溫、設備等。通常師生關係有生活輔導、學習與教學、學校行政等三大模式，師生關係為教師的價值觀、學生的學習能力、班級風氣及學校規範等不一而足，應多採不同的方法，尋求最佳與最適合的方式，採取個別化的觀點，因時因地制宜，隨時應變。因此，師生關係的良窳是既理性又感性、既科學又藝術的原因了。

一、師生關係即社會系統

由於學生來自不同的原生家庭，所受的家庭教養亦有所差異，因此，建立有系統的、有計畫的和有秩序的方式進行教學活動，能使學生積極地參與專注於課業和班級活動，可大幅減少師生衝突和紀律問題。因此，能夠透過學生學習社群的建立、選立班級幹部、培養班級幹部、授權班級幹部、發揮學生幹部各項功能，此為結構功能論的觀點，因此，師生關係如同小型社會與一個有效率與系統的組織或團隊。

二、師生關係即社會規範

師生關係的建構重點強調建立學生行為準則與教室安全的前提之下，必須透過班級規範方式約束與制約學生的生活舉止與在校學習活動，這樣的師生關係略顯緊張，若沒有透過師生彼此之間的公開說明或彼此理解，往往是師生衝突的來源。此社會規範有四大重點：班級經營的行為取向、果斷紀律、正向班級紀律、邏輯後果。著重教師進行班級控制的責任，而且是班級與學生紀律優於教學活動，對於不當的學生行為或師生關係予以法定處理。

三、師生關係即教學活動

師生關係由社會系統、社會規範轉變至教學活動，以學生學習需求為中心，重視教學的目標與效能，與學生發展良好的互動關係，以時間換取學生行為與學習的改變，教導學生適應社會的知識與技能，以引導學生內在紀律、正向行為支持、調和師生衝突因素、促進同儕正向文化、維持學校規範，藉以幫助學生能自主做出合宜的行為判斷。美國心理學家威廉·葛拉瑟（William Glasser）認為教師應幫助學生滿足學生學習過程中的心理需求，使學校成為學生快樂學習的地方。學生的不良行為不是師生關係最嚴重的問題，而學生學習意願、參與動機低落才是師生關係最嚴重的問題。因此，建構良好的師生關係即滿足生存需求、隸屬需求、權力需求、樂趣需求、自由需求等五大需求。

師生關係親和的動機與需求

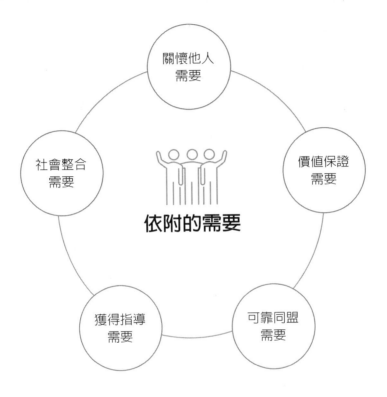

關懷他人
需要

社會整合
需要

價值保證
需要

依附的需要

獲得指導
需要

可靠同盟
需要

師生關係彼此依附歸屬，從中獲得舒適與安全感。

師生關係如同社交場合，共享學習、理念與經驗。

師生關係彼此獲得認可與肯定，產生自我價值與尊嚴。

師生關係成為一種夥伴關係，產生班級團結與凝聚力。

師生關係為教學相長的關係。

師生關係為彼此關懷的關係。

Unit 11-7
師生衝突與管理

　　美國教學社會學的學者華勒（Willard Waller）於1932年所著《教學社會學》（*Sociology of Teaching*）一書，其中在「師生關係」的章節中提出學校是一個強制性的機構，教師擁有教學權威，行政人員擁有管理權威，因此，學生往往只能服從學校的規範與教師的指導。英國社會學者保羅・威利斯（Paul Willis）在1977年出版了《學作工》一書，以「反文化」說明學生在學校產生反抗行為的情況。從上述可知，師生衝突往往來自一方的高壓與威權，而產生外顯的、動態的攻擊與爭鬥行為，或是內隱的、靜態的情緒與憤怒行為。而這些行為來自於教師的威權管理、人格因素與處理違規行為的態度等。教師如果能善加運用管理策略，可以減緩與降低師生衝突，或者避免師生衝突的產生。

一、師生衝突的類型

(一) **權力地位的不對等**：教師誤用權威或過於嚴厲，要求學生絕對服從，學生產生怨懟。

(二) **教師特殊人格特質**：教師人格特質屬於威權、控制慾強、重視外在效度，學生產生不滿。

(三) **教師對學生的態度**：學生違規時，教師無法掌握或過當處罰，引發師生衝突。

二、師生衝突的管理

(一) **命令**：教師依照輔導與管教辦法，命令或約束行為乖張的學生。

(二) **處罰**：教師依照輔導與管教辦法，採取記過或排除群體法，制約違規學生。

(三) **生氣**：教師以適度發怒語氣與姿態，使得學生牢記該違規行為不得再有。

(四) **懇求**：教師採取「我訊息」方式，期許學生表現符合教師期望之行為。

(五) **運作**：教師運作同儕團體，削弱行為乖張學生之氣焰，有效掌握控制權。

三、教師的生存策略

(一) **社會化**：教師透過價值澄清法教導學生社會化的歷程。

(二) **宰制**：教師運用輔導、校規、命令學生改正違規行為。

(三) **協商**：教師運用利益交換、說之以理、動之以情，使學生能服從與妥協。

(四) **融入**：教師融入學生同儕團體，取得信任與好感，以身教代替言教。

(五) **迴避**：教師已無力再作管教，選擇退休、不任導師或請假的方式迴避當下的情況。

(六) **依規行事**：教師以消極的態度與學生相處，凡事不講情面，依照校規給予學生處罰。

(七) **職能治療**：教師以忙碌、自嗨、消磨時間等方式教學，教學內容空泛，常與學生聊天。

(八) **自我安慰**：教師以學生笨拙或不合群，將罪過推給學生，並善用巧言取得同仁認同。

教師的印象管理技能

戲劇論：印象管理

後台前台
表裡一致

修復
消極印象

教師維持
高度團結

教師學會
自我控制

觀察
學生暗示

反思
教學表現

理想化表演

教師應具備專業化、形象良好與合群的角色。

誤解表演

教師運用善意的誤解，為違規的學生找出下台階。

神祕化表演

教師與學生保持神祕，使得學生猜不透教師的心思。

補救表演

教師無意之間的過失，請其他老師代為協助處理。

第 **12** 章

課程社會學的分析

●●●●●●●●●●●●●●●●● 章節體系架構 ▼

Unit 12-1
知識社會學

知識社會學（sociology of knowledge）一詞源於德文（wissenssoziologie），為哲學家謝勒（Max Scheler）所提出，主要探求真實因素（real factors），其產物為理想因素（ideal factors），比較屬於哲學觀的思維取向；直至社會學家曼海姆（Karl Mannheim），主要探求存在（existence），其產物為知識（knowledge），比較屬於社會學領域。知識社會學主要探求的兩大主題為：社會決定論與社會建構論，重視知識形成與社會文化條件的關聯，了解知識的內容及呈現方式如何受到社會文化因素的影響。國內學者孫中興提出知識社會學有五大要素：知識、制度、人群、語文及社會變遷，在教育領域的知識社會學有其特徵性，以下就針對教育知識社會學（sociology of educational knowledge）說明。

一、知識階層化

在學校中，知識被分為「日常知識」與「教育知識」，其中，日常知識在學校中不被青睞，主要因為被視為常識性知識，一般俗民即可通曉的常識，在學校內無須花費太多時間學習；反之，教育知識為學術性知識，為中產階級所青睞，學校教師通常自詡為中產階級之知識分子，因此，產生知識階層化現象。並透過標準化測驗，使社會大眾與家長心服口服，接受升學時的教育分流，分為普通型高中、技術型高中或單科型高中型態的學習模式與教育體制。

二、意識型態的宰制

社會學家阿圖舍（Louis Althusser）曾提出國家統治透過直接、強硬的宰制，另一種為間接、軟性的教化方式，而後者即為意識型態的宰制，能維持國家統治的長治久安。教育社會學家艾波（M. Apple）曾提出潛在課程（hidden curriculum）的概念，學生在潛移默化中習得充滿意識型態的價值觀與知識，若師生不能從課程中省思課程的脈絡與創新，一味接受由上而下的課程架構，將被意識型態宰制而不自知，陷入另一種社會再製的情況。

三、文化再製

所謂文化再製即上層階級子女受到良好的教育培養，仍維持其優勢地位，保持其上層階級地位；而下層階級子女無法受到良好教育的培養，因為環境不利，使得落入下層階級地位無法獲得翻轉。由於文化資本潛藏於不同階級之中，上層階級取得文化資本容易，因此，具有抽象層次較高的精緻型語言；而下層階級取得文化資本極為弱勢，所使用的語言較為簡略粗俗，成為限制型語言。透過學校教育應當充分給予文化資本的刺激，透過教育機會均等化的課程與活動的推動，使得下層階級子女亦能提升其未來文化資本。

知識社會學與資本

教育成就

| 成績 | 升學 | 受教年數 |

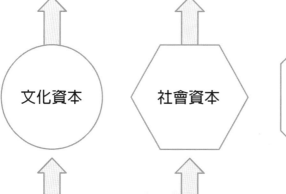

課程、教師、學校、學制

知識階層化

文化資本　社會資本　經濟資本

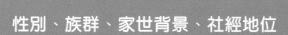

性別、族群、家世背景、社經地位

Unit 12-2
課程政治學

184

　　權力（power）是政治學（politics）的核心，也是課程政治學（curriculum politics）的核心概念。決策是權力行使的象徵，因此，國家課綱由誰決定？學校本位課程由誰決定？透過何種程序？這當中權力如何分配？課程執行由誰控制？有哪些個人、群體和組織對於學校課程有影響力？如何影響？除了檯面上之外，還有潛在於檯面下的運作方式？對於上述這些影響課程決策、計畫、執行、考核等過程，進行權力分配與行使的社會行為，即稱為課程政治學。

一、國家課程

　　國家總體課程即為課程綱要，作為學校課程與班級課程之依循，課程綱要基於社會功能性需求，出現不同科、不同領域之間在於課程地位、課程時數、課程必要性等的爭奪與妥協。目前臺灣課程綱要採取由下而上的方向進行制定，過程中即隱含各種政治的算計與布局，國家教育研究院、教育部、民意機關、不同利益團體、不同教育主張團體、學術團體、教師團體、學生組織等匯聚一起，籌謀課程綱要的訂定，課程作為教育改革重要指標，自然為兵家必爭之地。

二、學校課程

　　自國家課程以降，以課程綱要為鵠的，編撰各科、各領域、各選修科目等教科書，我國教科書採取一綱多本政策，自此教科書進入自由市場的競爭，而教科書出版需受政府國家教育研究院專家之審查程序，針對課程內容實質審查，以符合課綱精神之外，也需符合該科核心知識與技能內容，並需考量學生的接受程度，與教師授課時的需求與方便性。因此，教科書具有知識運行與散布社會權力的功能。

　　由於學校本位課程能夠展現不同學校的辦學特色，因此，給予學校有自訂學校必修課程的空間與時數，保障學校與教師能夠自行研發、設計屬於學校的課程。這是一項進步的思維，但難免受到學校內部不同群體的政治影響，若能善用此校訂課程，對於學校辦學將有長足的進步。

三、班級課程

　　班級課程受到授課教師的影響最為廣大，班級課程也是執行課程的面向，班級課程除了依照課綱所選定的教科書之外，教師通常也能依據課程綱要、自身教學經驗、學生學習的需求等，自行設計課程。這樣的課程類型，較不易受到政治與權力的影響，因為在臺灣能給予教師有充分講學的自由，不過在部分極權或不民主的國家，言論受到箝制，則教師在課堂授課時，即無法擁有教學自主性。臺灣40年代至70年代亦復如此，班級課程受到政治力的影響甚鉅，課程並無法自主，教師講學需要注意政治取向，以免招致禍害。影響課程過程的力量非憑空存在，而是在社會、文化及經濟等複雜環境的交互影響下產生的。

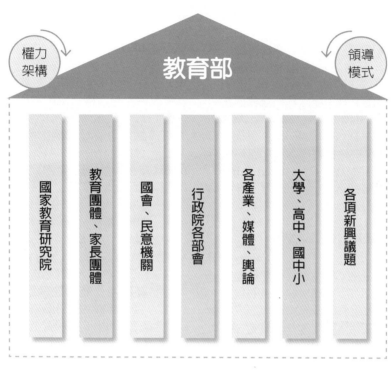

課程中的權力與政治

權力架構

教育部

領導模式

國家教育研究院

教育團體、家長團體

國會、民意機關

行政院各部會

各產業、媒體、輿論

大學、高中、國中小

各項新興議題

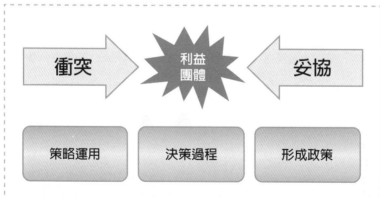

衝突

利益團體

妥協

策略運用

決策過程

形成政策

Unit 12-3
正式課程

正式課程（formal curriculum）屬於學校課程的一環，被分類在外顯（顯著）課程（explict curriculum）中，與非正式課程（informal curriculum）為同一層級。另外，與外顯課程同層級的是內隱課程（implicit curriculum），又稱為潛在課程（hidden curriculum）。外顯課程與內隱課程統稱為實有課程，且與虛無（空缺、懸缺）課程（null curriculum）並列。另外，還有空白課程、聯課活動、未置課程等。

一、正式課程的結構功能觀

結構功能論主張，教育為社會培養各樣人力資源，根據有機體的觀念，能夠形成社會功能結構，維持社會穩定。因此，各國政府的教育主管部門，依據該國社會現實與教育資源，訂定、頒布課程綱要與認可課程，主要彰顯其國家教育水準並且保證教學品質，而正式課程即為主要目的。

1. 透過大學師資培育系統培養「正式課程」之師資。
2. 正式課程與大學系所名稱通常能對應。
3. 正式課程在學校以課程目標、科目大綱、課表、教科書呈現，又稱為書面課程。
4. 國家透過正式課程要求學校照章實施，並與升學考試科目與進路銜接。
5. 透過正式課程的課程控制（curriculum control），訂出學校作息時間。

二、正式課程的分類與特質

正式課程主要學校進行運作，因此，會依照科目有其分類性質，有多少教學科目並不一定。並且因著學制（大學、高中、國中、小學）不同而有不同的分類，這些正式課程可分為部定必修、校訂必修、選修等。在每一個學科目中，可區分為單元、章節、課，其中包含該科（領域）的概念、原理、原則、理論、事實、技能、態度、價值等。

1. 臺灣普通型中小學正式課程可分：語文領域（國語文、英語文）、數學領域、自然領域、社會領域、藝術與人文領域、健康與體育領域、綜合活動領域、科技領域等八大領域。
2. 我國十二年國民基本教育新課綱課程可分：部定必修、校訂必修、選修（加深加廣選修、補強性選修、多元選修）、團體活動時間（班週會、社團）、彈性學習時間（自主學習、充實或增廣學習或補強性教學）。
3. 正式課程具有標準化的教學內容與進度的功能，正式課程必須有課程實施的一般性通則，例如：課程一般目標、特殊目標、完成目標的先後順序及學習活動的指引建議，以確保學校教育目標的達成。
4. 正式課程是理想課程與實際運作課程的關係。首先，理想課程是基於社會文化、價值、規範及信念所定的課程，由專家、學者或改革委員會提出草案或建議；其次，實際課程運作是教師對於學校應教些什麼的看法與問題。透過協調兩者的落差，完成正式課程的產生。

十二年國民基本教育課綱普通型高中正式課程、團體活動時間與彈性學習時間

類別			領域／科目及學分數	規定學分
			名稱	
部定必修	一般科目	語文	國語文	20
			英語文	18
		數學	數學（高二數A、B）	16
		社會	歷史、地理、公民與社會	18
		自然科學	物理、化學、生物、地球科學、自然探究與實作	12
		藝術	音樂、美術、藝術生活	10
		綜合活動	生命教育、生涯規劃、家政	4
		科技	生活科技、資訊科技	4
		健康與體育	健康與護理、體育	14
			全民國防教育	2
			小計（六個學期）	118
校訂必修	一般科目		社會專題	
			自然專題	
			小計（六個學期）	4-8
選修	加深加廣選修		……	
	補強性選修		……	
	多元選修		各類選修課（每學期至少開12門）	2-10≧6
			選修學分數小計（六個學期）	54-58
校訂必修及選修學分上限合計				62
學生應修習學分總計				180
（每週節數）				30
團體活動時間			班週會	
			社團	
每週團體活動時間（節數）（六個學期）				12-18
彈性學習時間			自主學習	
			充實（增廣）或補強性教學	
每週彈性學習時間（節數）（六個學期）				12-18
每週總上課節數（規定）（六個學期）				210

187

Unit 12-4
潛在課程

　　潛在課程（hidden curriculum）是教育知識社會學的研究重點之一。正式課程只重視學生應該學習什麼知識？教師授課內容能讓學生理解多少？透過有計畫性與有目的性進行引導學生學習活動；反之，潛在課程反映出某些意識型態或價值理念，這些隱藏的部分，將會影響學生學習態度、價值觀與人生觀，而潛在課程所薰陶下的人格，經過數年之後，影響更深遠的人生，遠比當下正式課程或教科書的知識。因此，在校園、班級或教學活動中，隱藏某些未經過設計或計畫的活動、事件與環境，卻潛移默化學生的日常生活與學習，達成學習的經驗與生活的體驗，要比正式的學科內容還要來得有影響力。

一、結構功能論觀（Structural Functional View）

　　主要受到實證主義之影響，其代表學者有傑克森（Phillip Jackson）、德瑞賓（R. Dreeben），強調以班級為單位分析潛在的核心，此核心為學校或班級如何進行學生的社會化，使得學生習得此一信念、規則與傾向。因此，傑克森在其所著《教室中的生活》（*Life in Classroom*）第一次出現「潛在課程」的名詞。杜威（John Dewey）曾說：也許對教育的最大誤解就是認為人只學習他正在學的東西，但從中另外學習到的態度、喜好等，可能遠比具體的授課內容更重要。然而這些潛在的影響可能是正面，也可能是負面，重要的是要找出這些潛在因素為何？例如：德瑞賓就發現教室的社會結構教導學生服從權威。因此，教室常規就成為社會與職業規範的前哨站。

二、現象學觀點（Phenomenological View）

　　學生在學校的情境中，身受學校或班級環境影響，人、事、物皆是社會化的影響因子。因此，學生和情境的雙向互動，產生社會意義，而此意義是透過創造而來。例如：哈佛大學的心理學家羅森索與傑克布森（R. Rosenthal & L. Jacobson）提出著名的「比馬龍效應」（Pygmalion effect），是指「教師期望」對學生學業成績和智商發展所產生的影響，是一種自我應驗預言（self-fulfilling prophecy）的使用。因此，「教師期望」可以說是一種潛在課程的概念，透過與學生在教室情境中的不斷對話，並非因為事先安排好的課程或是有意圖的學習，這類型的現象可稱為潛在課程。

三、激進批判觀（Radical Critical View）

　　教育社會學家包爾斯與金帝斯（S. Bowles & H. Gintis）批判美國的學校教育充分反映資本主義的社會結構，學校知識與教科書，將社會意識內化於教學過程中，並且教科書所含的種族、性別與政治意識型態，傳遞著表面上看不出來的意識與價值。潛在課程再製了社會、經濟的狀況，使得學校成為社會不平等的中介者，進而維護優勢階級的信念、價值和規範，反映社會宰制者的利益，符應資本市場的原則和過程。

教師與學生在課程的潛在影響關係

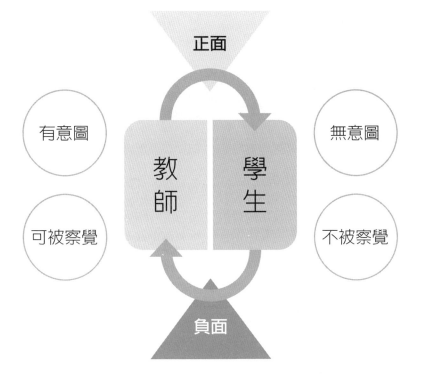

正面

有意圖

無意圖

教師　學生

可被察覺

不被察覺

負面

學習結果

態度、興趣、情感、價值等非學術性、非知識性的結果。

學習環境

學校或班級物質環境、社會或文化環境、教科書的內容、教學方法。

學習影響

有意的影響：典禮儀式與教科書的內容。無意的影響：未預期的經驗、教師期望。

Unit 12-5
轉化的課程模式

圖解當代教育社會學

190

　　轉化的課程模式（the transformation of curriculum model）起源於二十世紀知識社會學所塑造出的知識邊界（knowledge boundary）使得不同種族、階級、性別、宗教、地域、文化等，受到西方社會的認知架構框限邊界之後，產生社會交流與互動的障礙。因此，新知識社會學的轉變帶來對於批判教學理論與女性主義的興起，以多元文化教育、性別平等教育及批判教學論為主軸的議題產生新課程模式，強調對抗社會不平等與壓迫，屏除種族、性別、文化間的壁壘與壓迫，這一類型的課程模式謂之。

一、多元文化教育

　　傳統課程受到知識邊界問題所影響，因此，呈現由上而下的官式課程，課程內容多屬於菁英階級所熟悉的資訊與經驗，對於平民百姓與學生多屬於無感或認知障礙的課程內容，然而，這些課程也是上層階級鞏固其基本利益之所在。因此，多元文化教育主要將不同種族、族群的文化觀點融入課程之中，主要模式為：

(一) 貢獻模式：著重於重要或成功人士的介紹，重要節慶與無形文化要素的融入。

(二) 附加模式：在原有課程中補充相關教材，輔以不同文化概念與內容，但不改變原有課程結構。

(三) 轉換模式：改變原有課程結構，依據不同群體設計課程目標、結構與觀點。

(四) 社會行動模式：教師與學生在重要議題上採取行動，對抗壓迫與歧視。

二、女性主義教育

　　父權制度（patriarchy）或男性主導才是女性受壓迫的根源。因此，女性主義教育或教學主要就是在轉正與批判文化中的父權主義、架構與語言。例如：職業婦女同時要肩負產假、育兒、持家等工作，事實上都是有償的工作性質，但在資本主義社會下卻被犧牲，成為家庭中無償付出的一部分。因此，女性主義教學是將女性置於課程的核心地位，透過文獻的閱讀、課程的對話、活動的參與，消除性別歧見，培養學生具有性別平等的動機與觀念，進而實踐與行動。

三、批判教學論

　　批判教學論（critical pedagogy）認為教育具有解構與重建社會的功能，因此，專注於教學創新行動的施為（agency）行動，可以透過待答問題（problem posing）、文本超越（text）以及賦權增能（empower）的教學方式，進行師生互動，提升學生自主發展與獨立判斷的能力，達成教學目標。教師教學時使用批判性問題，聆聽學生的聲音與抗拒的想法與行動，學生必須能勇於提出自己的看法，透過質疑與批判，使得學生能發展綜合應用與解析的能力，但需要在學生具有一定成熟認知問題的狀態下，進行批判教學論，較能收其教學效果，因此，此過程可以稱為轉化型知識的課程。

不同課程轉化的模式

忠實觀（the fidelity perspective）：忠實觀著重課程實施過程中，教師所傳遞教學內容與上位課程的一致性。

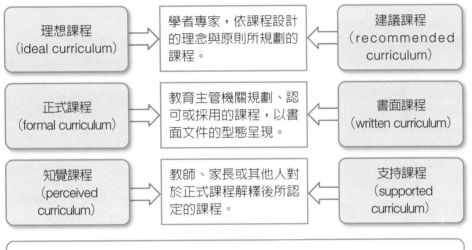

理想課程（ideal curriculum）	學者專家，依課程設計的理念與原則所規劃的課程。	建議課程（recommended curriculum）
正式課程（formal curriculum）	教育主管機關規劃、認可或採用的課程，以書面文件的型態呈現。	書面課程（written curriculum）
知覺課程（perceived curriculum）	教師、家長或其他人對於正式課程解釋後所認定的課程。	支持課程（supported curriculum）

調適觀（the mutual adaptation perspective）：調適觀著重教師在課程實施時，能依據學校、教師、學生的需求，適度的調整課程內容。

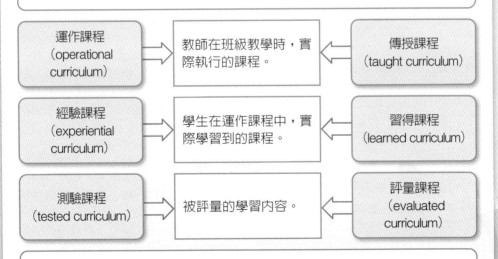

運作課程（operational curriculum）	教師在班級教學時，實際執行的課程。	傳授課程（taught curriculum）
經驗課程（experiential curriculum）	學生在運作課程中，實際學習到的課程。	習得課程（learned curriculum）
測驗課程（tested curriculum）	被評量的學習內容。	評量課程（evaluated curriculum）

締造觀（the enactment perspective）：締造觀則強調教師在實施課程時，教師和學生互動過程所創造出來的教學與學習經驗。

Unit 12-6
素養導向型課程

　　根據經濟合作暨發展組織（Organization for Economic Cooperation and Development, OECD）所提出素養（competencies）的定義：每位國民都需具備與生活相關的三大面向：認知（knowledge）、技能（skills）、態度與價值（attitude & values），並透過行動（action）整合學習，包含辨識、理解、解釋、創新、溝通、計算、使用不同內容與形式的印刷或書寫文件的能力。透過不斷學習，使個人持續發展新的知識與能力，以達成個人目標並能參與社會。

　　臺灣十二年國教課綱以「核心素養」為主軸，教育部與國家教育研究院於2014年對於核心素養的涵義為：指一個人為適應現在生活及面對未來挑戰，所應具備的知識、能力與態度。核心素養強調學習不宜以學科知識及技能為限，而應關注學習與生活的結合，透過實踐力行而彰顯學習者的全人發展。

　　依據國家教育研究院的研究，素養導向教學的設計與實施，應有以下四項基本原則：⑴關照知識、能力與態度的整合；⑵情境脈絡化的學習；⑶強調學習歷程、學習方法及策略（學會學習）；⑷在生活及情境中整合活用、實踐力行。

一、整合知識、能力與態度

　　學校提供學生更多參與互動及力行實踐的機會，教師調整偏重灌輸式的學科知識教學，以整合知識、能力與態度的學習型態，引導學生透過提問、討論、欣賞、展演、操作、情境體驗等學習策略與方法，進而能有反思與創造的能力與素養。

二、情境化、脈絡化的學習

　　有意義的學習，建構在脈絡化的情境，透過生活中的人、事、物與環境的互動是引導學生學習的敲門磚。因此，教材與教學設計在布題與布置情境，應重視現象觀察、尋求關係、解決問題，並將所學內容轉化為實踐性知識，能落實生活當中。

三、強調學習歷程、學習方法及策略

　　除了知識內容的學習是素養的基礎之外，在教材與教學設計上更重視學習歷程與學習方法的重要性，讓學生喜歡上學習，並懂得如何學習。

四、在生活及情境中整合活用、實踐力行

　　活用與實踐是當代教育的主流，透過具象的學習，觸發抽象的學習，關注學生的學習內化與學習遷移及影響，以學習者為中心的設計思考，能應用所學，探究與解決生活中的問題。

　　素養導向型課程與教學設計與實施可掌握上述四項基本原則，依據領綱之學習表現及學習內容，教師對任教領域／科目之核心素養，相互檢視、交織與轉化為學習目標、學習任務情境、學習歷程，以及學習評量，融會貫通並以學生回饋為修正之準據。

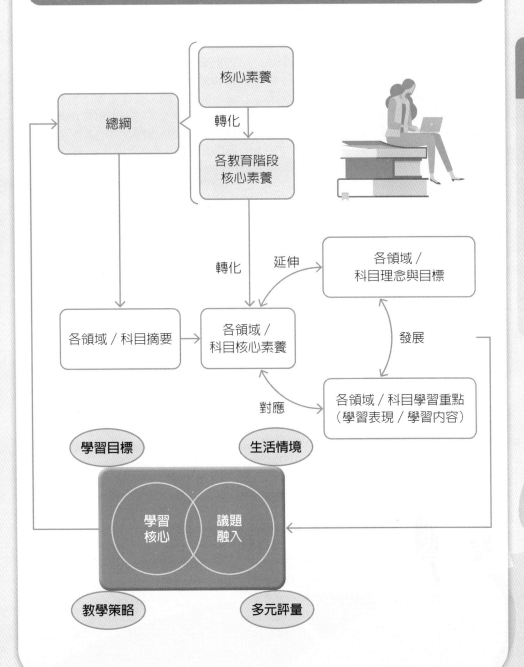

素養導向的學習重點與課程轉化關係圖（國家教育研究院）

核心素養

轉化

各教育階段
核心素養

總綱

轉化　延伸

各領域 /
科目理念與目標

各領域 / 科目摘要

各領域 /
科目核心素養

發展

各領域 / 科目學習重點
（學習表現 / 學習內容）

對應

學習目標　　生活情境

學習
核心　　議題
融入

教學策略　　多元評量

Unit 12-7
十二年國教課程

臺灣自1968年（民國57年）開始，國民義務教育從六年延長至九年，奠定了國民基本學力基礎，舒緩升學的壓力，提升國民知識水準。1983年起為呼應世界教育思潮，教育部規劃實施「延長以職業教育為主的國民教育」計畫，希望透過延長三年基本教育，厚植國家人力資源，達成K12（學前教育至高中教育，kindergarten through twelfth grade）的國家國民基本教育目標。

由於十二年國民基本教育（簡稱：十二年國教）牽涉層面甚廣，舉凡升學制度（基測、會考、學測、指考、統測等）、後期中等教育體制（普通型高中、技術型高中、綜合型高中、單科型高中）、課程改革（課綱的變革、能力本位轉為素養導向）等等，因此紛紛擾擾二十餘年，2014年最終以成就每一個孩子－適性揚才、終身學習為願景，以學生為學習的主體，訂定四項總體課程目標：啟發生命潛能、陶養生活知能、促進生涯發展、涵育公民責任，考量各學習階段特性，結合核心素養加以發展，貫穿十二年國教課程。

十二年國教原訂在民國107年（2018）要實施新課綱，但因國內政治更迭，且教育現場也準備不及，故延緩一年後，於民國108年（2019）正式實施新課綱（通稱：108課綱）。108課綱以核心素養為課程發展主軸，培養以人為本的終身學習者，回應十二年國教基本理念（自發、互動、共好），並分為三大面向：自主行動、溝通互動、社會參與，此三大面向再細分為九大項目，並強調核心素養是與生活情境有緊密連結與互動的關係。

一、自主行動

學生是學習的主體，學生與教師應選擇適當的學習與教學方式，進行系統思考以解決問題，並具備創造力與行動力。課程主要以系統思考與解決問題、規劃執行與創新應變、身心素質與自我精進為主要方向規劃與設計。

二、溝通互動

學生能廣泛且妥善運用各種工具，包括物質工具（例如：人造物、科技及資訊等）和社會文化工具（例如：語言、文字及符號等），與他人及環境能有良好且有效的互動，並具備藝術涵養與生活美感。課程主要以符號運用與溝通表達、科技資訊與媒體素養、藝術涵養與美感素養為主要方向規劃與設計。

三、社會參與

學生身處在緊密連結的國際社會，需要學習面對社會的多元性，並參與行動與他人或群體建立適切的合作模式與人際關係。課程主要以道德實踐與公民意識、人際關係與團隊合作、多元文化與國際理解為主要方向規劃與設計。

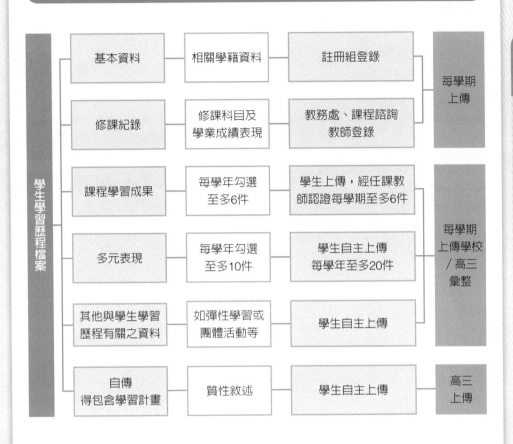

十二年國教學生學習歷程架構

學生學習歷程檔案	基本資料	相關學籍資料	註冊組登錄	每學期上傳
	修課紀錄	修課科目及學業成績表現	教務處、課程諮詢教師登錄	
	課程學習成果	每學年勾選至多6件	學生上傳，經任課教師認證每學期至多6件	每學期上傳學校／高三彙整
	多元表現	每學年勾選至多10件	學生自主上傳每學年至多20件	
	其他與學生學習歷程有關之資料	如彈性學習或團體活動等	學生自主上傳	
	自傳得包含學習計畫	質性敘述	學生自主上傳	高三上傳

回應新課綱課程特色

呈現考試難以評量的學習成果

展現個人特色和適性學習軌跡

協助學生生涯探索及定向參考

第 **13** 章

性別平權教育與族群教育

●●●●●●●●●●●●●●●● 章節體系架構 ▼

Unit 13-1
性別階層化

　　性別，從西方基督教社會來看，性別是神所創造。在《聖經》創世紀2章22節：「耶和華神就用那人身上所取的肋骨造成一個女人，領她到那人跟前。」因此，性別就有了先後次序。性別階層化（gender stratification）是具有生理性、心理性、社會性、歷史性、經濟性、文化性、地域性等面向之差異，也是社會建構下的產物，並基於性別基礎而有的階層性分配。事實上，女性與男性之間很多的社會地位與區別都是人為的因素，並且性別與性向的差異成為尊卑、主從、宰制、暴力、制度等的藉口，成就了階層化，這是人類集體的經驗而非個別化能夠操弄的社會行為。

　　以受教權來說，直到二十世紀初期，全世界尚有許多國家的女性無法完整享有受教育的權利，就連美國也無法達到性別平等受教育的權利。以工作權來說，男性比起女性在工作待遇與環境上都擁有相對的社會優勢地位，性別的同工同酬（equal pay for equal work）議題，希望不論性別、種族、階級等，凡是從事相同的工作內容，都能獲取同樣的薪資報酬；其後，性別的同值同酬（comparable worth）的議題，是對於勞動市場中，給予女性的職缺是低技能、低知識、低責任或汙名等不平等待遇的補償。因此，性別階層化普遍在社會體系中根深柢固。

一、功能論的性別階層化

　　結構功能論強調的是社會由各小部分所構成的功能性系統，透過了各種社會控制方式，導致性別階層化的情形，對於性別角色的分化，從家庭而言，男性、女性分別擔任家庭內外工作，對於穩定社會秩序與功能有著正向的功能，並且透過婚姻制度使得家庭得以建立，並且獲得性別認同。但是往往這樣的制度與系統導致所謂男主外、女主內的社會現象，女性無法在勞動市場中獲得穩定的職業或者升遷，女性也因著懷孕與教養子女而必須辭去所經營的工作，被迫放棄職場工作。因此，結構功能論忽略了傳統且嚴格的社會制度所帶來的社會緊繃與社會成本。二十一世紀以來，女性踏入職場已成為平常，企業界與各行業也出現女性的領導人，女性也具有良好的工作能力，並且展現女性的另一番特質，使得性別不再是職場上的障礙。

二、衝突論的性別階層化

　　性別不只是生理、心理與行為上的差異，事實上是權力的差異。傳統性別觀念以男性為大，女性為小，甚至在族譜上都不會寫上女性的名字，只寫上女性的姓氏。長久以來，父權社會宰制整體社會體系，造成緊張與衝突。資本主義社會更加劇了男人的權力行使，在婚姻上，男性可私下三妻四妾，但女性卻被形容成紅杏出牆、水性楊花等不入流的汙衊言語對待。所形成的性別階層化在壓抑、剝削著女性，而受教育權更是被犧牲。因此，女性嘗試透過軟性力量的衝突，並彰顯女性特質，爭取在法律上、民主制度的平等權利與權力。

女性主義流派

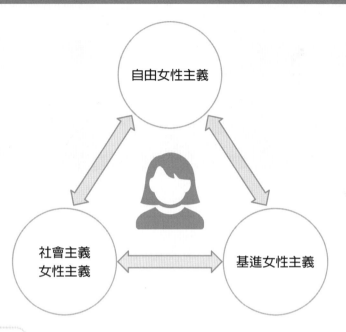

自由女性主義

社會主義
女性主義

基進女性主義

自
主張女性個人的平等與自由，優先於母親、妻子的角色存在，爭取平等的政治和勞動參與的機會，並不主張女性有受特別保障的權利，反對選舉制度中，婦女保障名額的限制。

基
主張性別壓迫是所有種族的、經濟的、政治的等壓迫的根源，側重於分析私領域中的性別權力關係，強調女人應該自行掌握生殖權利，以決定女人自己的命運。

社
社會主義女性主義者則認為女人受壓迫的關鍵在於資本主義市場經濟的運作，剝削女人的勞動力，要求國家正視家務勞動價值，給予從事家務管理者應有的報酬。

Unit 13-2
教育的性別差異

教育學（pedagogy）字源自於希臘字：ped：boy（男孩），agog：guide（引導），y：名詞字尾，所以，教育學的字義主要是在引導男孩（ped + agog + y：引導男孩），明顯存在性別不平等的思維。十九世紀以前，女性幾乎是無權受教育的狀態，因此，教育存在性別差異（gender difference in education）。學者研究課程中的性別差異，發現有關於女性的內容或議題相當少，甚至不到百分之一，有些課程內容甚至扭曲、歧視女性，體育課程也不適合女性發展。師生互動方面，70至80年代教師對於男學生的期望較高，對於女學生普遍仍以男主外、女主內的觀念對待之，教師對於女學生的關注也比較屬於外表或是行為舉止端莊合宜，也有部分女學生受到性騷擾的事件產生。可見教育的性別差異是明顯存在，並且產生另一種階級不平等的現象。從二十一世紀開始，女性主義逐漸抬頭，有顯著的改觀。

一、臺灣女性學生粗在學率高於男性

　　所謂各級教育粗在學率＝學生人數（不含幼兒園、大專進修學校、研究所）÷（6至21歲人口數）×100%。聯合國教科文組織（UNESCO）2007年的統計，全世界各級教育粗在學率為67%，其中女性為65.8%，男性為68.1%，顯見女性受教育已與男性相當。臺灣教育部統計2009年各級教育女性粗在學率為96.4%，男性為94.2%，女性高於男性，顯著高於國際水準。

二、臺灣女性高等教育粗在學率顯著高於男性

　　所謂高等教育粗在學率＝大專（不含大專進修學校、五專前三年及研究所）學生人數÷（18至21歲人口數）×100%。全世界平均粗在學率平均為25.5%，其中女性26.6%，略高於男性24.5%。臺灣女性高等教育粗在學率為85.1%，顯著高於男性79.5%；除低於美國95.9%之外，均高於日、韓、英、法等國家。

三、臺灣社會重視女性受教育機會

　　根據《2009社會指標統計年報》的觀察，中等教育以下資賦優異類女學生占總資優學生數比率為60.0%，因此，女學生的資賦優異表現相當優異，顯見臺灣社會對於女性受教育並無歧視的現象，並且女學生在資賦啟發較男學生早。高等教育普及化亦產生性別反轉現象，亦即女性受高等教育比率為60.2%，高出男性5.4%之多，產生性別學歷落差反轉現象。另外，在大學（含大專）以下教育階段，女性粗在學率比男性高，但在碩、博士階段，女性粗在學率則明顯低於男性，可見女性因受年齡限制及婚姻等因素限制，在高等學位的深造上，顯著低於男性，這也是教育中的性別差異現象。

女性的玻璃天花板效應與管漏現象

玻璃天花板（glass ceiling）

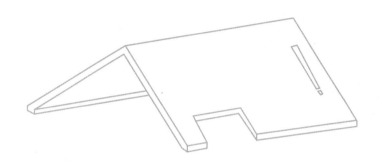

在組織或團體中，女性被潛在限制晉升至高階主管或領導階層，就像是玻璃天花板一樣，好像看不見，卻是明顯存在。

管漏現象（leaky pipeline phenomenon）

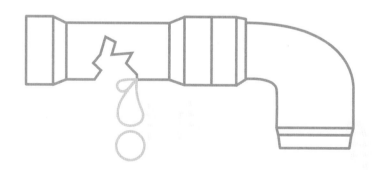

在科學、技術、工程與數學領域之高深或高階的研究生涯中，女性如同水管漏水一樣漏出、離去，呈現明顯的性別失衡。

Unit 13-3
性別平等教育

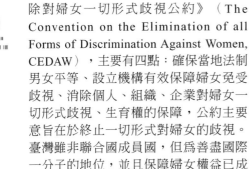

202

聯合國（UN）於1979年通過《消除對婦女一切形式歧視公約》（The Convention on the Elimination of all Forms of Discrimination Against Women, CEDAW），主要有四點：確保當地法制男女平等、設立機構有效保障婦女免受歧視、消除個人、組織、企業對婦女一切形式歧視、生育權的保障，公約主要意旨在於終止一切形式對婦女的歧視。臺灣雖非聯合國成員國，但為善盡國際一分子的地位，並且保障婦女權益已成為國際人權主流價值，於2012年總統批准立法院三讀通過所咨，公告《消除對婦女一切形式歧視公約施行法》法案。

臺灣為促進性別地位之實質平等，消除性別歧視，維護人格尊嚴，厚植並建立性別平等之教育資源與環境，已於2004年通過《性別平等教育法》共38條法，並於2018年修正通過該法7條條文及增訂27條之1的條文。該法第2條第1項：「性別平等教育：指以教育方式教導尊重多元性別差異，消除性別歧視，促進性別地位之實質平等。」第2條並明確定義以下專有名詞：

一、學校

指公私立各級學校。

二、性侵害

指《性侵害犯罪防治法》所稱性侵害犯罪之行為。

三、性騷擾

指符合下列情形之一，且未達性侵害之程度者：

1. 以明示或暗示之方式，從事不受歡迎且具有性意味或性別歧視之言詞或行為，致影響他人之人格尊嚴、學習、或工作之機會或表現者。
2. 以性或性別有關之行為，作為自己或他人獲得、喪失或減損其學習或工作有關權益之條件者。

四、性霸凌

指透過語言、肢體或其他暴力，對於他人之性別特徵、性別特質、性傾向或性別認同進行貶抑、攻擊或威脅之行為且非屬性騷擾者。

五、性別認同

指個人對自我歸屬性別的自我認知與接受。

六、校園性侵害、性騷擾或性霸凌事件

指性侵害、性騷擾或性霸凌事件之一方為學校校長、教師、職員、工友或學生，他方為學生者。

學校性別平等教育最主要的就是課程的實踐，其核心概念為了解自己、尊重他人、更多認識、不再歧視、減少性侵害、性騷擾、性霸凌事件發生。主要課程內容包含情感教育、性教育、同志教育、多元家庭、習俗文化、性平事件防治、打破性別刻板印象等。性別平等教育的實施，在國中小主要採取融入課程，每學期相關課程或活動至少要4小時，課程內容有性別的自我了解、性別人我關係、性別的自我突破等。高中職（含五專前三年）需將性別平等教育融入課程，著重啟發學生在不同生活情境，覺察性別權力不平等之議題，並教導學生正視性別偏見，肯定並認識性別多項性，進而養成性別平等意識，接納自己與他人之性別展現等。

性別平等教育課程地圖

性別平等教育核心素養	性別平等自主行動	身體覺察與自主	生理性別、性傾向、性別特質與性別認同的尊重。
			性別角色的突破與性別歧視的消除。
	性別平等溝通互動	媒體思辨與批判	身體主權的尊重與維護。
			性騷擾、性侵害、性霸凌的防治。
		社會關懷與倡議	語言、文字與符號的性別意涵分析。
			科技、資訊與媒體的性別識讀。
	性別平等社會參與		性別權益與公共參與。
		多元尊重與支持	性別權力關係與互動。
			性別與多元文化。

Unit 13-4
種族、族群與少數族群

　　種族（race）係指人類在共同起源之下，有不同的表現型（phenotypical）或基因型（genotypical）的差異，此差異呈現在膚色、體型、髮色、髮型、眼睛、鼻子等外在型態，亦為呈現在生物化學內在中的基因型態等，例如：亞洲人與非洲人是屬於不同種族。

　　族群（ethnic group, ethnicity）係指有相同的祖先、血緣、歷史、文化、習俗、地域、宗教、生活習慣、國家等生活變項，形成同一生活群體，在主觀上具有生命共同體的集體認同（collective identity）意識，同一族群也可能包含不同種族，例如：客家人、閩南人、外省人、原住民。

　　少數族群（ethnic minority, minority group）係指權力的對應關係而言，通常被支配的族群（subordinate）為少數族群，而支配者族群（dominant）不應被視為少數族群而言。因此，少數族群不一定是人口較少者，但可能因為性別、階級而產生的族群而言。

一、補償性教育的推動

　　種族、族群、少數族群在教育領域中，都是混合交替使用較多。美國學者柯爾曼（J. S. Coleman）於1966年提出《教育機會均等報告書》，是近代以來探討種族、族群、少數族群與教育的轉捩點。柯爾曼其研究發現有三：大部分的美國學生就讀於種族隔離式的學校；學校軟硬體因素與學生成就的彼此相關性極低；不管學生是哪一個種族，那些來自不利背景的學生接受學校教育後，會比其他同學學得更多。因此，教育界的改善作法朝向提供補償性的教育措施、實施教育優先區、教育券的發放、反學校隔離政策、補救教學等等。

二、反種族隔離教育的推動

　　反種族隔離（desegregation），美國於1954年最高法院裁判學校種族隔離政策違憲，史稱布朗案（Brown v. Board of Education of Topeka），促成種族融合學校的實施。此判決將屆七十年的今日，美國社會仍深藏種族隔離的因子而揮之不去。事實上，有色人種的學生仍然面臨教育資源分配不均的問題，在同樣的學校就學，不同種族、族群學生面臨懲罰、成績評定、畢業率的不同標準對待，衍生出美國社會安全風險，往往也歸咎於有色人種，因此，因種族或族群而起的系統性障礙應當被正式掃除，確保所有學生有平等的受教權。

三、多元文化教育的推動

　　種族、族群、少數族群是實際存在生活當中，國家或地區的發展也受到全球化與資訊科技等的因素影響，而有無遠弗屆的改變，因此採取多元文化主義（cultural pluralism）觀點，可以尊重、包容不同種族、族群、少數族群的文化與生活。教育領域以共同分享才是正途，透過相互欣賞、尊重及學習，並呼籲師生從種族主義的迷思中跳脫出來，才能真正實踐教育的理想性與實踐教育目標。

胡特尼克（Nimmi Hutnik）族群認同概念圖

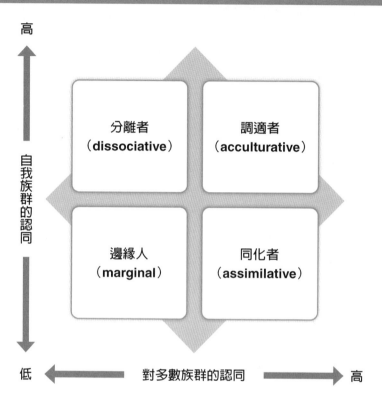

高

自我族群的認同

分離者
（dissociative）

調適者
（acculturative）

邊緣人
（marginal）

同化者
（assimilative）

低 ←——— 對多數族群的認同 ———→ 高

分離者	排斥並抗拒多數族群的文化，唯獨對於本族傳統文化產生強烈的向心力和依附感，此認同型態屬於本族文化認同取向。
調適者	對於本族傳統文化和主流文化都採取接受的態度，並且有能力加以整合調適，其認同型態屬於雙認同取向。
邊緣人	既不接受多數族群文化的涵化，也喪失了本族傳統統群文化的認知與接納，其認同型態屬於雙疏離取向。
同化者	拋棄自己的母文化而完全接受多數族群的文化規範，其認同型態屬於主流文化取向。

Unit 13-5
弱勢族群教育

弱勢族群教育（education for disadvantageous minorities），係指不同弱勢族群在教育機會均等與均等間相對的概念，包括：族群弱勢（原住民族／新移民相對於優勢族群）、階級弱勢（資產階級、中產階級、勞工階級）、性別弱勢（男女氣質、性傾向、跨性別）、身心弱勢（身心障礙、肥胖、汙名者、同志婚姻、跨族婚姻）、文化地理弱勢（偏遠地區、城鄉差異、都市邊緣）。

臺灣教育部曾於2003年將改善弱勢族群教育納入教育改革之檢討與改進會議中，將教育弱勢族群概分為身心障礙、原住民及社會弱勢等三類，前兩項為生理或身分別所造成的差異，在社會弱勢部分則有兩點的定義：其一，進入公立教育機會低於其他人或取得公立教育機會成本高於其他人；其二，所受到的教育品質低或是不適當，無法將教育所提供的資源轉換成個人的能力。以下提出三點為常見弱勢族群教育的策略與方法。

一、補償教育計畫

美國重視弱勢族群的教育問題，對於貧窮和少數族群，採取補償教育（compensatory education）方案。其重點有：

1. 結合教學、醫療、營養、家長參與和服務，提供補救教育、免費早午餐與社會福利。
2. 非營利機構和大學以基金會或協會，加入弱勢學生學習問題的研究與師資培育。

3. 經由鑑定、課程、教學方案、教育軟體和評定程序等進行教學改善方案。
4. 補助移民學童進入學校的相關與額外費用，教師在職教育訓練及行政成本經費支出等。

二、多元文化教育

多元文化教育服務，就是幫助學校及家長提供弱勢族群學生協助，並提供教育人員的培訓及能力提升、補救教材的編製、家庭讀寫服務提供、提升父母教育參與度、學校與社區互動的強化、開放社區參與支援系統及適時引入社會團體及資源等方面。但多元文化教育若為霸權所用，則會產生假多元的真霸權，弱勢族群於是更加弱勢。

三、教育優先區

臺灣教育部1996年起，實施教育優先區計畫，為追求教育機會均等的策略之一，此計畫為實踐英美先進國家「積極性差別待遇」（positive discrimination）的理念，針對不同特性的學生給予不同待遇（unequal treatment of unequal）的「垂直公平」精神，並於2006年推動「攜手計畫課後扶助」、「退休菁英風華再現」、「試辦大專生輔導國中生課業」、「史懷哲精神教育服務計畫」、「大陸及外籍配偶子女教育輔導計畫」等計畫，為實踐弱勢族群教育貢獻心力。

弱勢族群教育的展望

問題	學校視弱勢族群的教育補助是一筆額外的補助款，非專款專用。
	學校老師對弱勢族群學生的教學方式與教育期望並未改變。
	學校成員對於弱勢族群學生無共識，缺乏改善弱勢學生的整體策略。

策略	弱勢學生的成果展現可以多元，非得一定要學業成績。
	建立一套指標，協助學生與學校能夠統整資源與開創特色。
	對於弱勢族群教育的績效指標，可以改為自評或訂關鍵績效指標（KPI）。

方法	教育主管機關系統性研究弱勢族群學生的政策配套與措施。
	教育研究單位建立弱勢族群學生資料庫，長期追蹤與關懷。
	學校加強教師補救教學能量，提升整體補救教學成效。
	提升教師對於弱勢族群的正確觀點，適時介入提供支援。
	建立補救教學教師的培訓與回訓機制，加強專業知能與態度。
	系統化補救教學之學習評量機制，以多元評量取代單一性評量。
	成立補救教學網絡與教師團隊，擴大教師同儕參與並建立榮譽機制。
	建構學校與社區支援體系，早期偵測、中期介入補救、後期追蹤關懷。
	協助弱勢族群學生家庭成員參與教育的可能性，形塑學習型家庭。

207

Unit 13-6
多元文化教育

　　社會存在不同且多元的文化，需要被彼此了解、包容、調適與接納，在社會學中經常被談到的「階級」（class），由此引發的社會不平現象，係透過權力、意識型態、霸權的交互作用而產生或加劇。因此，多元文化教育（multicultural education）即是對於人類有關種族、族群、民族、性別、階級等偏見與差異，透過教育的歷程能夠理解、接受、肯定與確認多元文化的價值，並發展對於多元文化的尊重，促進社會正義並保障所有人享有教育平等對待的機會。

　　多元文化教育的核心即是追求平等、社會正義與民主的理念與實踐。透過學校的平台使得學生能夠認同自己的文化，並且能夠理解與接納其他文化，這是維繫國家和社會的重要文化資本。因此，文化差異是國家的力量與資源，擁有多元文化的國家與社會不是分裂，取而代之的是合作與團結，並非讓族群同化，而是站在同樣的立足點，珍視彼此的差異，正是多元文化教育所產生正面力量。

　　詹姆斯‧班克斯（James A. Banks）於2018年在其所著的《多元文化教育簡介》（*An Introduction to Multicultural Education*）一書中，指出發展多元文化課程有五個層面：

一、內容整合

　　在學校的課程中，應採取融入、統整、系統化的方式，將不同文化、族群、性別等階級的文化內容，透過生動、寫實與案例的方式，由師生透過活動、表演、分享等教學方式說明並傳遞教育的意義。

二、知識建構歷程

　　協助學生解構並重塑對於多元文化的認知與理解，澄清價值觀念，導正錯誤的偏差認識，透過知識建構的螺旋式課程，由近而遠、由內而外，逐步形成對於多元文化的知識理解，透過教學相長的教學方式，進而改變學校知識結構。

三、減少偏見

　　實踐多元文化教育的初期，可能因個人的偏見或認識的不足，產生偏見與歧視，這樣的情形可能來自於刻板印象，或整體社區或社會的氛圍，因此，傾聽多元文化的聲音是必要的，透過各式各樣的教育活動辦理，讓不同族群能夠減少偏見。

四、平等教學論

　　教師能夠善用不同教學風格與策略，進而符應不同文化群體的各種學習風格。多數教師長年以來只擅長採取某些教學模式，透過多元文化教育，也可以擴大教師教學視野，促進教師改變教學風格，精進教學效能。

五、增能的學校文化

　　多元文化教育的良窳，也是學校展現尊重與互惠的學校文化，使得不同族群、社經地位與不同母語的學生能夠獲得均等的教育機會與經驗。因此，有效能的學校文化，必定是能包容多元民主聲音的學校。

多元文化教育的理論與派別

保守派　　自由主義　　複合論　　左派本質論　　批判論

保守派
反對多元文化，主張弱勢被優勢同化，屬於單一文化論與同化作用。

自由主義
主張相互尊重和容忍與公平競爭，將種族、性別等議題去脈絡化。

複合論
強調族群的差異，不主張同化，學習多元文化，並不改變權力運作。

左派本質論
反對優勢支配文化，肯定弱勢文化，將種族、性別等議題去脈絡化。

批判論
從批判過程中去中心化，反對霸權文化，分析權力運作與複製現象。

Unit 13-7
成人與繼續教育

成人與繼續教育（adult and continuing education）可以分為三個面向來說明。第一，成人教育（adult education）：狹義的見解是成人教育具有自我導向的觀念，學習的過程及發展與生涯發展密切相關，學習的內容多以生活為中心，學習的動機與驅力來自於內在力量，學習模式多採取團隊合作與資源整合。第二，繼續教育（continuing education）：狹義的見解是成人在離開學校正規教育後，繼續參與的教育活動，可能是全時學習或部分時間學習；可能是職業上的學習，也可能是非職業上的學習。第三，終身教育（lifelong education）：泛指人類的一生在不同階段都有適合的教育機會，以強化社會教育，增進學習機會，提升國民素質為教育目標，其範圍包含正規教育的學習（學校教育）、非正規教育的學習（學校教育之外有特定目的與組織的學習）、非正式教育的學習（日常生活中非組織性的學習）等。

繼續教育主要以成人為對象，而成人教育的內涵即為繼續教育的活動，並且都被涵蓋在終身教育之中。因此，成人與繼續教育可泛指所有為成人所提供的繼續學習的終身教育活動。

一、成人教育

成人學習者（adult learner）是指成人同時具學習者的身分，因此通常稱之為「學習者」，較少稱為「學生」。

其內容包含有成人基本教育、技術職業訓練、社會經濟教育、意識政治教育、生活素質教育等；其學習形式有自主學習、研習、工作坊、小團體學習、大班級學習。社區是成人教育的主要場域，成人教育在社區中所扮演的角色有三：其一，適應社區居民需要的成人教育；其二，提供社區資源的成人教育；其三，引導社區發展的成人教育。

二、繼續教育

繼續教育與成人教育通常合為一談，在英國與歐陸國家常以擴充教育（Further Education, FE）包含兩者。狹義來說，繼續教育較強調教育活動的「繼續性」，通常是指在正規學制教育之後，個人繼續參與的教育活動，這類活動通常是大學、職訓單位、職能學院或專業組織所提供的教育活動而言。

三、終身教育

臺灣的終身教育的對象為全體國民，以完成義務教育的國民繼續教育為政策目標，並針對早年失學者、新移民、婦女、高齡者及一般成人等為對象，設立多元的終身學習據點，例如：中小學補校、社區大學、新移民中心、樂齡學習中心、空中大學、社教機構等，營造「人人可學、處處可學、時時可學」之終身學習環境，開展多元學習管道，滿足國民各個生涯階段的學習需求。

英國的擴充教育

年滿16歲的學生
並完成義務教育

擴充教育（Further Education）

學術途徑 （Academic Pathway）	職業途徑 （Vocational Pathway）	中間途徑 （Middle Pathway）
繼續念大學或學院	學習專業技能與職業	學習兩年後， 繼續進入大學或就業。

擴充教育對象：中學畢業生、在職想進修的人士、單純想進修的人士等。

擴充教育課程種類

A-Level 教育普通證書進階級（Advanced Level）	AS-Level 教育普通證書進階輔助級（Advanced Supplementary Level）	IB 國際中學程度資格（International Baccalaureate）
NVQ 國家職業資格（National Vocational Qualification）	GNVQ 普通國家職業資格（General National Vocational Qualification）	先修課程（Access Courses） EFL 英語課程（English as a Foreign Language）

第 **14** 章

社會變遷與教育改革

 章節體系架構 ▼

Unit 14-1
現代化與教育

　　臺灣《教育基本法》第2條揭櫫，培養人民成為具有國家意識與國際視野之「現代化」國民。同法第12條說明國家應建立「現代化」之教育制度，以滿足國民及社會需要。現代化與教育（modernization and education）是一種社會變遷的過程，教育發展與社會變遷具有交互影響的關係，其關係的類型為：⑴社會變遷影響教育發展，⑵教育發展形成社會變遷，⑶教育發展是社會變遷的某種條件。現代化所涉及的層面包含：社會現代化、政治現代化、經濟現代化、技術現代化、城市現代化等等，上述的現代化皆與教育現代化有密切相關，因此，現代化導致教育發展，教育發展引發現代化。

一、臺灣教育現代化的癥結

　　1996年底，行政院教育改革審議委員會提出《總諮議報告書》，鑒於教育現代化牽涉層面廣，提出八點當前教育現代化問題：

㈠ **教育僵化惰性必須去除**：僵化源自於觀念與制度，應促使由下而上的改革。

㈡ **學校教育與社會需求脫節**：學校課程無法符應社會與產業需求，可透過課程鬆綁改善。

㈢ **終身學習社會尚待建立**：創造終身學習的需求，提供多元便利的學習方式與管道。

㈣ **教育機會均等亟需增進**：改善教育的計畫、執行、考核等，鬆綁經費補助制度。

㈤ **偏重智育的考試文化仍待導正**：融合菁英主義與大眾教育主義的不同理念。

㈥ **課程、教材與評量方式亟待改進**：教育內容與方式的採用與選擇的彈性與授權。

㈦ **多元師資培育體系猶待改進**：改善教師資格檢定考試與教師甄選的模式。

㈧ **教育資源通用效率有待提高**：教育資源不應只重視績效責任制，更應重視質的提升。

二、臺灣教育現代化的特徵

　　根據前教育部長林清江所言：「教育現代化是教育改革的一項目標。」我國社會從傳統社會（traditional society）轉化成為現代社會（modern society）的過程，教育現代化具有以下幾項重要特徵：

1. 透過九年國民義務教育提升國民教育權，並同步發展高等與技職教育，使得人才供給不虞匱乏，時至今日，人才供需甚至供過於求或不符社會需求等現象。

2. 透過十二年國民基本教育，從專注學校教育的社會，轉變為兼顧成人與繼續教育，建立終身教育體制的社會。

3. 透過師資培育的轉型與改革，將師範體制的師資培育轉型儲備制的專業與多元化師資培育，奠定教育改革的基石。

4. 透過課程改革，使學校課程回應社會需求與現實文化內涵，轉型教學方法發揮教師的專業影響力，更重視學生的學習權益，以多元的學生學習歷程取代升學備審資料，並改進考試與招生制度，能更符合學生性向與需求。

5. 透過財政穩定投資教育政策，並配合資源的合理分配，賡續教育改革的良性發展，形成前瞻的教育制度。

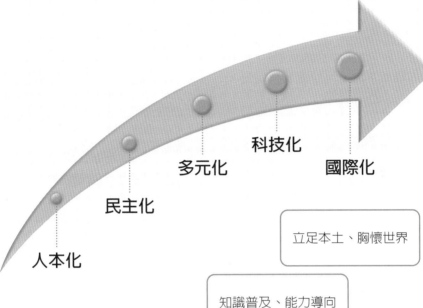

《教改總諮議報告書》之教育現代化方向

科技化

多元化

國際化

民主化

人本化

立足本土、胸懷世界

知識普及、能力導向

多姿多樣、活潑創新

全民參與、守法樂群

全人發展、實現自我

Unit 14-2
全球化與教育

全球化與教育（globalization and education）係指全球因科技發達，在「距離活動」與「時空壓縮」下，國家之間的經濟互相依賴程度增加，進而影響文化、意識型態、宗教、資訊、財務、人員、物質、教育之間的聯繫與流動，其中教育發展產生市場化、迅速化、深入化與擴張化。教育發展在全球化影響下，可能會朝向同質化（homogenization）、去國家化、全球市場化等現象，而民主化國家更憂心自由主義市場機制帶來的威脅，過度的全球化教育，可能產生國家認同、公民認同等危機，如果衍生保護主義的作法，可能會危及全球化的現象。

一、全球教育與國際教育

全球教育與國際教育（international education）是分屬不同的概念，甚至全球教育的廣度比國際教育更大。 Ann Kelleher & Laura Klein （2010）在《全球視野》（*Global Perspectives*）一書中，提到全球教育涉及到全球化意識（consciousness）、全球狀態認知（state of the planet awareness）、跨文化認知（cross-cultural awareness）、全球動態的知識（knowledge of global dynamics）、人類抉擇的認知（awareness of human choices）等五大面向。主要重視全球的相互依賴關係，以促進學生對人類和自然系統間相互了解，藉由尊重與合作、關切全人類所共存的環境，促進人類永續生存。

國際教育在臺灣已從1.0版進階到2.0版，主要是以「學校本位國際教育計畫」（School-based International Education Project, SIEP）進行推動，其中2.0版有三個目標（培育全球公民、促進教育國際化、拓展全球交流）、三個策略（融入課程、國際交流及學校國際化）及十三個行動方案。主要重視國家意識的培養，了解國與國相互間的緊密關係、培養獨立思辨能力，並發展跨文化互動的技能。

二、教育市場化與全球教育

市場化機制可分為完全自由市場（free markets）、內部市場（internal markets）、準市場（quasi-markets）。完全自由市場標榜市場規律是正確的，不應有國家干預，因此，教育開放與自由化、政府權力鬆綁是全球化的特色。內部市場是由國家扮演著某種控制角色，有系統上的侷限性，由政府依照稅收分配教育經費，並有高度教育相關法令限制等。準市場是由國家政府提供教育經費，但是政府不負責營運管理，屬於公辦民營的地位，教育不以追求利潤為首要，並且給予教育券的補助等措施。

市場化的全球教育由於經濟實用主義盛行，大量從實用角度來衡量教育的發展與成效。由於學校有自籌經費的必要，也產生經營的競爭及部分學校的財務危機。網路科技的盛行，使得線上教學日益普遍，成為新興教育市場，現今全球因為疫情或災難的發生，使得線上遠距教學成為熱門的選項之一。因此，全球化引發中心與邊陲國家的問題，並受到地緣政治的影響，全球化與教育可能形成戰略輸出，產生新的教育文化殖民情況。

全球化教育的危機與轉機

全球化導致
去除國家化

資本主義
控制知識
生產過程

全球化導致
國家思維知識
產生離心化

全球化導致
教育市場化

全球化產生
經濟競爭導致
弱勢更弱勢

轉變

促進在地全球化（glocalization）

推動求同存異的多元文化
（multicultural）

實踐公平教育權
（choosing equality）

Unit 14-3
社會變遷與教育

社會變遷與教育（social change and education）從結構功能論而言，社會變遷促使社會結構改變，配合社會發展之需求，教育的傳遞性與功能性隨之調整，並回饋給整體社會系統產生社會分工體系的細緻化與精緻化。從衝突論而言，社會變遷潛藏社會控制力與社會運作機制，由於權力、財富造成階級間的利益不均等，而社會控制權力成為上層階級宰制的基礎，透過政治與經濟傳遞其價值觀並影響教育發展，學校教育便是執行的社會單位，並且成為社會再製的基礎。在教育部《人才培育白皮書》明確揭示，教育受到社會變遷有五大因素影響：全球化、少子女化、高齡化、數位化及全球暖化，也是世界上許多國家所遭遇的人才培育問題，因此，社會變遷不僅是社會結構的變化，也是人類態度與價值的變革。

教育部前部長林清江在其所著《教育社會學新論》一書中曾提出社會變遷與教育的關係有以下三種因素：

一、社會變遷影響教育

社會變遷的因素很多元，必定影響教育發展由淺入深或由狹至廣的事實。例如：以技職教育而言，世界工商業的創新與資訊科技變化，技職教育產生人才斷層，課程無法對接工商業界所需等，因此，《技術及職業教育政策綱領》揭櫫技職教育未來將以培養具備實作力、創新力及就業力之專業技術人才為願景。提出三大目標：⑴建立彈性技職教育體系，符應產業變遷，彰顯技職教育價值；⑵強化課程體系與實作能力

養成，激發師生創新思考與創業精神，促進技術傳承與產業創新；⑶產官學訓協力培育技職人才，提升社會對專業技術價值的重視，翻轉技職教育地位等三大目標，對準社會變遷之趨勢。

二、教育形成社會變遷

目前推動十二年國民基本教育與108課程綱要，就是從整體教育制度提升國民教育水準及人力素質的例證。提出免試升學、課綱與考招連動、高中職免學費政策、適性與多元學習、師資培育的精緻化等，投入大量資源，期待回應社會需求並維持教育求真、求善、求美、濟弱、扶傾之理想。因此，教育的確是影響社會變遷的正向因素，國家人才培育能從傳統社會轉變為民主、法治與福利平衡發展的多元化社會，教育的力量功不可沒。

三、教育成為某種社會變遷的條件

教育扮演社會變遷的條件之一，教育中最主要的單位即是學校，學校不僅是傳授知識與技能與養成良好態度的場所，也是社會階級與權力爭奪的場所之一。學校透過課程知識傳遞統治者的意識型態與階級象徵，並鞏固利益團體的地位，這樣的關聯性便產生教育機會均等的問題，於是教育的資本化、平民化、普級化與文化再製等，便透過直接、間接、外顯、內隱的出現在社會變遷的各種階段與環境之中。

社會變遷與教育願景、策略與目標

社會變遷的因素

少子女化與高齡化	教育的M型化	氣候變遷與環境永續	全球化與世界局勢	本土化意識興起	資通訊時代的學習	學校教學行政生態

教育願景

提升中小學教育品質	成就每一個孩子	厚實國家競爭力

教育目標

培養現代公民素養	引導多元適性發展	確保學生學力品質	舒緩過度升學壓力	均衡城鄉教育發展	追求社會公平正義

發展策略

十二年國教與幼托整合	健全教育體制與厚植教育資源	精緻師資培育與專業發展	促進高等教育轉型與發展	培育知識經濟人才與產業
發展現代多元公民素養	推展全民運動與健康促進	尊重多元文化關懷弱勢與特教	拓展國際教育與全球化教育思維	深化終身學習與學習型社會

Unit **14-4**
少子女化與教育

近二十年來，臺灣人口結構發生少子女化、高齡化和異質化等變化，其中又以少子女化面臨最嚴峻的挑戰，有媒體更稱為國安危機也不為過，持續少子女化的結果將對臺灣社會、產業和教育發展產生莫大的衝擊。

臺灣人口異質化是指臺灣社會的人口增加中，外籍配偶與新移民及其後代的增加幅度較大，產生觀念、文化模式等的差異，倘教育系統未能給予協助，將會肇生新的弱勢群體，增加社會沉重的壓力。

臺灣人口的高齡化是指在二次大戰後的嬰兒潮（baby boom）已經邁入老年的階段，由於臺灣醫療水準進步，國人餘命也顯著增加，因此，高齡化社會所帶來的安養、養護、安寧照護等問題紛至沓來，倘教育系統未能及時因應高齡化社會的人才培育，將會增加社會的焦慮。

臺灣人口的少子女化主要是因為社會變遷，從早期的家庭計畫宣導兩個子女恰恰好的觀念，時至今日，青年人生活經濟負擔增加、推遲結婚年齡、雙薪家庭、住房的需求、托育的需求等等，都使得年輕人望生育而卻步，加上世界潮流的驅使，年輕人較為注重個人生活品質等等，導致少子女化的現象愈來愈加劇。

一、少子女化衍生的教育問題與衝擊

(一) **學生減少與班級減班，學校合併或廢校**：臺灣出生人口四十年來，每年生育率逐年降低，從40多萬人降低至10多萬人，學生數與班級數減少是實況，連大學都興起併校之風。

(二) **師資培育朝向儲備制，流浪與超額教師**：自1995年開始師，資培育為儲備制，導致流浪教師增多，廣開代理教師缺，少開正式教師缺，加上超額教師增加，師資新陳代謝緩慢。

(三) **教育資源量與質不均，學校經營困難多**：學校經營因學生數減少，基金預算隨之減低，加上競爭型計畫推波助瀾，中小學教育為地方自治事項，使得偏鄉與弱勢學校經營更加險峻。

(四) **班級經營親師問題多，學生人際競爭劇**：因生育率降低，父母親視小孩為珍寶，加上隔代教養、外配子女增加，使得親師溝通更顯多元，學生數減少亦加劇學生彼此學業間的競爭。

(五) **高等教育就學意願低，大學轉型與退場**：高等教育因受到廣設大學影響，品質產生良莠不齊，社會型態改變，學生求學意願降低，中途離校者逐年增加，衍生大學經營的危機。

二、少子女化衍生教育問題的因應策略

(一) **轉型學校經營策略，發展精緻創新特色**：學校經營需要穩健踏實，也需要學校本位特色。

(二) **教師專業亟待提升，加速教師新陳代謝**：教師專業應精緻化，教師退撫制度應合理化。

(三) **資源共享策略聯盟，學區合作代替競爭**：中小學受學區制限制，應多採共享與策略合作。

(四) **實施優質適性教學，親師生為教育夥伴**：原生家庭類型多元，教學適性發展替代單一化。

(五) **高等教育整合卓越，技職教育接軌產業**：整合高教資源，發揮整體效能，建立各校特色。

臺灣少子女化對策計畫（2018至2022年）

政策目標

| 提升生育率 | 實現性別平等 | 減輕家庭育兒負擔 | 提升嬰幼兒照顧品質 |

少子女化新對策

0歲至2歲嬰幼兒照顧

1. 擴大育兒津貼
2. 提升公共化托育服務
3. 托育準公共策略

2歲至5歲幼兒教育與照顧

1. 加速擴大公共化幼兒園
2. 建置準公共機制，提升平價教保量能
3. 擴大發放育兒津貼

友善家庭的就業職場對策

1. 友善職場的育兒措施
2. 鼓勵民間企業參與托育服務
3. 擴大公部門員工托育服務

兒童健康權益與保護

1. 友善生養的健康措施
2. 防制兒少虐待與疏忽
3. 特殊需求兒少的支持服務

友善生養的相關配套

1. 支持生養的住宅策略
2. 鼓勵生養的租稅優惠
3. 友善生養的交通措施
4. 鼓勵婚育與家庭教育

Unit **14-5**
教育改革趨勢

教育改革的風潮由來已久，肇因於人類思想的演化與遞嬗。西方社會從1693年英國自由主義之父約翰‧洛克（John Locke）在啟蒙運動時代開啟了天賦人權思潮：生命、自由、財產是人類的天賦不可剝奪，其所著的《教育漫話》（*Some Thoughts Concerning Education*）一書更觸及了教育萬能的開端，也是教育改革的里程碑。

其後在十九世紀末至二十世紀初，各式各樣的教育思潮相互激盪，由心理學為濫觴，社會學為發揚，激發了教育學的想像與實踐。其後，工業革命帶來了震撼性的發展，在經濟、政治、軍事、交通、建築的發達，激發以藝術教育為名的教育改革，也稱為手工藝教育改革，一波波教育改革浪潮席捲歐美各國。直至二十世紀中期，於停戰之後，興起了現代化的運動的浪潮，強調科學實證，追求解放思想的教育理念。之後，後現代化主義興起，反對理性當道，強調感官經驗與質性論辯，注重本土化知識的發展，時至今日。

現今教育改革趨勢受到資訊與通信科技（Information and Communication Technology, ICT）的發展影響，已經進入無遠弗屆的教育浪潮之中；各國也受到國際經濟競爭與壓力，透過多邊的貿易協定，也間接影響教育的轉型與市場化；在全球化的影響下，各國無不卯足勁增強國民的跨國移動能力，也在科學教育、閱讀教育、數學教育、語文教育方面投資倍增，希望能增強自身的國力基礎，儼然成為人力資源競爭的時代。

一、教育改革的分析

1. 教育改革通常以不滿現狀為出發點，常常會出現聚合現象與鐘擺效應。

2. 由於經濟發展，成為功能論與市場化的教育改革意識當道。

3. 教育品質與教育均等往往是兩難的抉擇，無法滿足各方的教育改革需求。

4. 教育改革的推動主角即是教師，因此教師角色、職務與功能有需要重新定位。

5. 教育改革通常投入大量資源與財務支持，因此建立評鑑制度有其必要性。

二、教育改革的趨勢

㈠ **終身學習的需求**：學校不再是主要學習場域，終身學習才能成為學習社會，從廣博獲得新知開始，增強學校與產業間的銜接，以包容的態度接納各界思維，積極學習第二外語甚至是程式語言，加強人力資源訓練的投資等，都是各國努力的方向。

㈡ **廣泛的社會參與**：由於民主化的思維，教育不再是貴族與宰制階級所專擅，更重視性別平等並保障各教育階段學生的就學權、受教權，強調家長的參與與社區的共融，升學制度也由教師、家長決定，轉變為以適性發展為主的學生自主意願為主流。

㈢ **重視教育的歷程**：教育的改革由品質、績效與卓越，強調學科能力與準化測驗，轉化為重視學生的多元學習歷程，以適性取代強迫，以多元取代單一，國家以必修課程確保學生基礎的學力品質，並發展適合學校與學生的選修課程，強化競爭力並保有特色發展。

㈣ **教育行政的變革**：教育行政牽涉到資源的控制與分配，也觸及整體學制與升學制度，因此朝向鬆綁理念為主，增加地方參與及民主決策，從集權走向分權制度。

先進國家教育改革的因素

教育改革的緣由	公平與平等 equity & equality	高品質 high quality	包容性 inclusiveness
	提升國際 經濟競爭力	學校效能不彰， 解決學習問題	教育機會均等與 社會正義的調適

教育改革的機轉	以人為本 humanity	不分類 non-classified	真平等 true equality
	平衡市場機制 與國家控制	集權走向分權， 增加改革契機	建立教育改革的 回饋與評鑑機制

教育改革的核心	國家教育標準 與目標的界定	課程解構、組 織、結構的改變	評量、測驗、 學習歷程的用處
	學校體制與 營運的改革	教育法令的調 整、鬆綁與務實	未來教育的規劃 與共識的架構

Unit 14-6
教科文組織的教育改革

圖解當代教育社會學

224

聯合國教育、科學及文化組織，簡稱教科文組織（United Nations Educational, Scientific and Cultural Organization, UNESCO），成立於1945年11月16日，總部設在法國巴黎。教科文組織主要依據聯合國憲章對世界人類不分種族、性別、語言或宗教均享人權與基本自由之普遍尊重，專以教育、科學及文化來促進各國之間合作，對和平與安全作出貢獻。美國與以色列因巴勒斯坦成爲教科文組織會員國，於2017年退出該組織，截至2020年，目前共有193個會員國。

一、發表《學習：寶藏蘊藏其中》

教科文組織基於終身教育（lifelong education）、永續教育（permanent education）與回流教育（recurrent education），並於1996年在其所屬的二十一世紀國際教育委員會（International Commission on Education for the Twenty-first Century）發表《學習：寶藏蘊藏其中》（*Learning: The Treasure Within*）報告書，說明人類在二十一世紀應將教育當作社會與個人發展的核心，並倡議以終身學習爲通往下一個世紀的關鍵鑰匙，提出二十一世紀教育的四大學習支柱（the four pillars of education），包含：⑴學習求知（learning to know）、⑵學習做事（learning to do）、⑶學習共同生活（learning to live together）、⑷學習發展（Learning to be）。

二、發表《教育2030行動框架》

在2015教科文組織大會於韓國仁川通過全球的教育願景《教育2030行動框架》（*Education 2030 Framework for Action*），提出五大行動重點：⑴倡議所有國家都需一起努力的全球性議題、⑵確保所有人的終身學習機會、⑶重視公平性、全納性與性別平等、⑷重視有效學習、⑸重視學習與成果的關聯性。

行動框架提出了七個具體教育目標，範圍從幼兒保育、K12（kindergarten through twelfth grade）與終身教育之各階段教育的目標與教育的品質的水準，其目標如下：⑴確保所有青少年能完成免費、公平及優質的中小學教育，並獲得學習成效；⑵確保所有兒童能接受有品質的早期兒童發展、照顧及學前教育，能爲初等教育做好準備；⑶確保所有人負擔得起優質的技術職業教育和高等教育；⑷全面增加擁有相關技能的人員數量，包括爲就業、合法工作及創業的技術與職業技能；⑸消除教育上的性別差異，確保身障者、原住民和弱勢兒童等弱勢群體享有平等接受各階段教育和職業培訓的機會；⑹確保所有青年人和絕大多數成年人具備讀寫和計算能力；⑺確保所有學習者能促進永續發展的必要知識與技能，包括透過教育來爲生活方式、人權、性別平等、促進和平和非暴力文化、國際公民，和欣賞文化多樣性的永續發展做出貢獻。

教科文組織的教育改革方案

教育核心目標

提升教育品質	促進教育成為基本權

推動各國教育實驗、創新和發展策略的對話

教育改革方案

全民教育
（Education for All, EFA）

❶ 改善兒童教育與保護。
❷ 優質及免費的義務教育。
❸ 滿足成人學習需求。
❹ 降低成人文盲。
❺ 消除性別差異。
❻ 獲得基礎生活技能（閱讀、書寫、計算）。

聯合國閱讀素養十年計畫
（United Nation Literacy Decade, UNLD）

❶ 促進全民教育（提升成人識字率與婦女公平的基本和繼續教育）。
❷ 取得可測量的學習成果（閱讀、書寫、計算）。

教育永續發展十年計畫
（Decade of Education for Sustainable Development, DESD）

❶ 使聯合國會員國使用網絡、交易、連結、交換與交流更便捷。
❷ 確保會員國教學品質永續發展。
❸ 協助會員國教育進步發展。
❹ 將本計畫提供會員國進行教育改革。

Unit **14-7**
臺灣的教育改革

根據教育部前部長楊朝祥及學者徐明珠於2007年3月29日國家政策研究基金會之國政研究報告發表〈十年來臺灣教育之改革與發展〉一文，說明臺灣教育改革的趨勢如下：(1)普及化：開發人礦資源，廣設高中大學，暢通升學管道，朝向全民高教化等；(2)自由化：大學自治，教育權下放，教師參與行動研究，家長參與教育，提倡協同教學等；(3)多元化：推動多元入學制度，倡導適性發展，發揮學生多元智慧；(4)開放教科書民間編印，提倡多元學習等。

一、教育改革的沿革

根據學者研究，從1987年7月15日，臺灣解除戒嚴以降，民間教育改革團體紛紛成立，主要有人本教育文教基金會、中華民國教育改革協會、振鐸學會、教師人權促進會及主婦聯盟環境保護基金會等數十個團體成立。依照時序分別推動下列教育改革運動：(1)民間團體教育會議（1988年）、(2)四一〇大遊行（1994年4月）、(3)第七次全國教育會議（1994年6月）、(4)成立行政院教育改革審議委員會（1994年7月）、(5)成立教育改革推動小組（1996年）、(6)民間發表《教改萬言書》（2003年）、(7)七一二我要十二年國教大遊行（2009年）等。

二、教育改革重要政策沿革

由於臺灣教育行政制度為中央集權制與地方分權制，因此教育部仍相當掌握資源、政策主導與控制權；依照地方自治法，國民教育及部分後期中等教育則下放給地方縣市政府所管轄。整體教育制度仍屬大陸型結構之國家思維，誠然目前已有六個直轄市（六都），卻加劇了都市與非都市間教育資源分配的不均，而教育政策更是牽繫著整體教育發展走向與品質。以下依照時序，說明重要教育政策的進程：(1)《師資培育法》（1994年）、(2)《教師法》（1995年）、(3)九年一貫課程綱要（1998年）、(4)高中職社區化與完全中學、綜合高中（1999年）、(5)《教育基本法》（1999年）、(6)臺灣大專院整併政策發展（1999年）、(7)開放教科書市場（2002年）、(8)高中職多元入學（2007年）、(9)高級中等學校優質化輔助方案（2007年）、(10)十二年國民基本教育（2011年）、(11)108課綱正式實施（2019年）。

三、教育改革的變革與前瞻

根據衝突論的觀點，教育改革應該是下層階級對於上層階級的反抗，然而，臺灣在教改的過程當中，製造出一群透過教改過程獲取權力與資源的新階級，其主導教育政策走向，掌握無形的資源分配，造成家長負擔沉重，教師疲於奔命，失去教育的本質。依照國內學者周祝瑛研究，教改應有以下的改變與前瞻：(1)終結教改亂象、(2)回歸教育本質、(3)屏除文化霸權、(4)發展公共論壇、(5)確保正當程序、(6)注重環境結構因素、(7)鼓勵教師成長、(8)追求優質教育、(9)建立回饋評量機制、(10)保障弱勢群體。在推動十二年國民基本教育中，逐漸露出教改曙光。

十二年國教中的素養導向教育圖解

詞彙

素養
competence
能力
職能

素養
literacy
知能
讀、寫、算

觀察

外顯 external
可觀察到及能展現出來的知識與能力

內隱 internal
可觀察的深層的動機、價值、態度、情意

核心

知識
knowledge

能力
ability

態度
attitude

教育過程

整合化
integrate

脈絡化
context

實踐化
practice

歷程化
course

目標

適性揚才、終身學習
nurturing individual potential、facilitating lifelong learning

自發、互動、共好的全人教育
taking the initiative、engaging the public、seeking the common good

參考文獻

一、中文部分

1. 行政院 （2018）。臺灣少子女化對策計畫報告。臺北市：行政院。
2. 林清江 （2000）。教育社會學。臺北市：五南。
3. 林清江 （2002）。教育社會學新論。臺北市：五南。
4. 保羅‧威利斯 （Paul Willis） （2018）。學做工：勞工子弟何以接繼父業？ （*Learning to Labor: How Working Class Kids Get Working Class Jobs*） （秘舒、凌旻華 譯）。臺北市：麥田。（原著出版：1981）
5. 周新富 （2013）。教育社會學。臺北市：五南。
6. 周祝瑛 （2003）。台灣教育改革之研究。發表於民辦教育研討會。上海華東師範大 學。
7. 姚欣進 （2004）。馬克思主義政治經濟學與世界資本主義。臺北市：巨流。
8. 教育部 （2014）。十二年國民基本教育課程綱要總綱。臺北市：教育部。
9. 楊朝祥、徐明珠 （2007）。十年來台灣教育之改革與發展。發表於國家政策研究基 金會之國政研究報告。取自https://www.npf.org.tw/2/1720
10. 譚光鼎 （2010）。教育社會學。臺北市：學富。

二、外文部分

1. Ann Kelleher & Laura Klein (2010). Global Perspectives. (4th Ed.). UK: Pearson.
2. Bamford, Kiff (2017). Jean-Francois Lyotard: Critical Lives. London: Reaktion.
3. Bernard Marr (2020). How is AI used in education - real world examples of today and a peek into the future. Retrieved from https://bernardmarr.com/default.asp?contentID=1541
4. Bourdieu, Pierre (1979). Distinction: A Social Critique of the Judgment of Taste (Nice, Richard, trans.). Boston: Harvard University Press. (Original work published 1987).
5. Coleman, James S. (1966). Equality of Educational Opportunity Survey, EEOS. Retrieved from https://www.researchconnections.org/icpsrweb/instructors/studies/6389
6. Coombs, Philip. H. (1969). The World Educational Crisis. A Systems Analysis. The Economic Journal, 79(314-1), 388-389.
7. Hofstadter, Richard (1963). Anti-intellectualism in American Life. New York: Vintage Books.
8. James A. Banks (2018). An Introduction to Multicultural Education (What's New in Foundations / Intro to Teaching) (6th Ed.). UK: Pearson.

圖解當代教育社會學

9. Louise Stoll & Dean Fink (1996). Changing Our Schools: Linking School Effectiveness and School Improvement - Changing Education. UK: Open University Press.

10. National Education Association (2006). Partnership for 21st Century Skills. Retrieved from http://www.nea.org/home/34888.htm

11. Mogi, Ken (2017). The little book of Ikigai. Great Britain: Quercus Editions Ltd..

12. Rawls, John Bordley (1999). A Theory of Justice (Revised ed.). Boston: Belknap Press.

13. Samuel Bowles & Herbert Gintis (1976). Schooling in Capitalist America: Educational Reform and the Contradictions of Economic Life. Chicago, Illinois: Haymarket Books.

14. Schultz, Theodore W. (1961). Investment in Human Capital. The American Economic Review, 51(1), 1-17.

15. Schultz, Theodore W. (1963). The Economic Value of Education. New York: Columbia University Press.

16. The United Nations Development Programme (2015). Sustainable Development Goals. Retrieved from https://www.undp.org/content/undp/en/home/sustainable-development-goals.html

17. UNESCO (1996). Learning: the treasure within; report to UNESCO of the International Commission on Education for the Twenty-first Century. Retrieved from https://unesdoc.unesco.org/ark:/48223/pf0000102734

18. Young, Michael F. D. (1971). Knowledge and control: new directions for the sociology of education. New York: Collier-Macmillan.

參考文獻

國家圖書館出版品預行編目（CIP）資料

圖解當代教育社會學 / 施信華著. -- 初
版. -- 臺北市：五南圖書出版股份有限公司,
2021.05
　面；　公分
ISBN 978-986-522-543-8(平裝)

1. 教育社會學

520.16　　　　　　　　　　110002985

113Q

圖解當代教育社會學

作　　　者－施信華（159.4）

編輯主編－黃文瓊

責任編輯－李敏華

封面設計－姚孝慈

出　版　者－五南圖書出版股份有限公司

發　行　人－楊榮川

總　經　理－楊士清

總　編　輯－楊秀麗

地　　　址：106臺北市大安區和平東路二段339號4樓

電　　　話：(02)2705-5066　傳　　真：(02)2706-6100

網　　　址：https://www.wunan.com.tw

電子郵件：wunan@wunan.com.tw

劃撥帳號：01068953

戶　　　名：五南圖書出版股份有限公司

法律顧問　林勝安律師

出版日期：2021年5月初版一刷
　　　　　2024年3月初版二刷
　　　　　2025年3月初版三刷

定　　　價　新臺幣330元

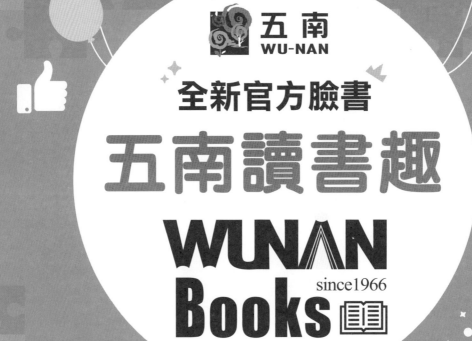

經典永恆・名著常在

五十週年的獻禮——經典名著文庫

五南，五十年了，半個世紀，人生旅程的一大半，走過來了。

思索著，邁向百年的未來歷程，能為知識界、文化學術界作些什麼？

在速食文化的生態下，有什麼值得讓人雋永品味的？

歷代經典・當今名著，經過時間的洗禮，千錘百鍊，流傳至今，光芒耀人；

不僅使我們能領悟前人的智慧，同時也增深加廣我們思考的深度與視野。

我們決心投入巨資，有計畫的系統梳選，成立「經典名著文庫」，

希望收入古今中外思想性的、充滿睿智與獨見的經典、名著。

這是一項理想性的、永續性的巨大出版工程。

不在意讀者的眾寡，只考慮它的學術價值，力求完整展現先哲思想的軌跡；

為知識界開啟一片智慧之窗，營造一座百花綻放的世界文明公園，

任君遨遊、取菁吸蜜、嘉惠學子！